建设工程结算价款争议调解案例

——浙江篇

JIANSHE GONGCHENG JIESUAN JIAKUAN
ZHENGYI TIAOJIE ANLI
——ZHEJIANGPIAN

中国计划出版社

北 京

图书在版编目（CIP）数据

建设工程结算价款争议调解案例 ：浙江篇 / 浙江省建设工程造价管理总站主编. -- 北京 ：中国计划出版社，2021.12
ISBN 978-7-5182-1373-3

Ⅰ. ①建… Ⅱ. ①浙… Ⅲ. ①建筑工程－账款－结算－劳动争议－调解（诉讼法）－案例－浙江 Ⅳ. ①D922.297.5

中国版本图书馆CIP数据核字(2021)第234934号

责任编辑：刘　涛　　　　封面设计：韩可斌
责任校对：王　巍　　　　责任印制：赵文斌　李　晨

中国计划出版社出版发行
网址：www.jhpress.com
地址：北京市西城区木樨地北里甲 11 号国宏大厦 C 座 3 层
邮政编码：100038　电话：(010) 63906433（发行部）
三河富华印刷包装有限公司印刷

880mm × 1230mm　1/16　7.5 印张　121 千字
2021 年 12 月第 1 版　2021 年 12 月第 1 次印刷

定价：75.00 元

前　言

当前，随着建筑工业化、新型城镇化进程不断加快，建设工程价款争议纠纷日趋增多。近年来，浙江省（市）造价管理机构利用专业技术优势，组织专家开展价款争议纠纷调解，及时化解建设各方主体的纠纷和矛盾。“十三五”时期，浙江省累计调解 1 434 个项目，受理项目金额 3 028.93 亿元，调解金额 51.32 亿元。

为深入推进党史学习教育，切实开展好“我为群众办实事、我为企业解难题、我为基层减负担”专题实践活动，浙江省建设工程造价管理总站组织专业人员在众多调解项目中，撷取了建设工程结算价款争议的疑难点问题，对调解成功和司法裁判的案例进行总结、梳理，总共分析提炼了 21 个典型项目，以“一事一注”的方式，对基本情况、发包方意见、承包方意见和调解意见进行客观剖析并提供依据，分别加以评注，完成了《建设工程结算价款争议调解案例——浙江篇》。

本书主要针对房屋建筑和市政基础设施项目中由于材料调整、工期延误、措施项目变化、政策性文件调整、清单项目特征描述不完整等原因引起的价款调整争议问题进行分析。本书提供的案例仅为读者提供一些解决问题的方法，由于具体项目有其工程的特殊性，调解结果供参考借鉴，不可盲目照搬照抄。

本书的编制，得到了杭州市建设工程招标造价服务中心、杭州信达投资咨询估价监理有限公司、浙江西湖律师事务所、建经投资咨询有限公司、浙江耀信工程咨询有限公司、北京竞天公诚（杭州）律师事务所、浙江东鹰律师事务所、浙江中瑞工程管理有限公司、浙江天平投资咨询有限公司、杭州恒正造价工程师事务所、中汇工程咨询有限公司、浙江信立恒工程咨询有限公司、杭州一鼎工程建设咨询有限公司、天健（浙江）工程咨询有限公司、浙江中际工程项目管理有限公司等单位的大力支持，在此表示感谢！

鉴于本书专业性强、涉及面广，难免有不完善之处，诚望广大专业人员提出宝贵意见。

2021 年 11 月

主编单位、参编单位及编审人员

主编单位： 浙江省建设工程造价管理总站

参编单位： 杭州市建设工程招标造价服务中心

杭州信达投咨咨询估价监理有限公司

浙江西湖律师事务所

建经投资咨询有限公司

浙江耀信工程咨询有限公司

北京竞天公诚（杭州）律师事务所

浙江东鹰律师事务所

浙江中瑞工程管理有限公司

浙江天平投资咨询有限公司

杭州恒正造价工程师事务所

中汇工程咨询有限公司

浙江信立恒工程咨询有限公司

杭州一鼎工程建设咨询有限公司

天健（浙江）工程咨询有限公司

浙江中际工程项目管理有限公司

主　　编： 季　挺　陈俊宇

副 主 编： 丁　锋　张苏琴

参编人员： 孔宏伟　裘红伟　周雅妃　姜东超　颜万春　林　涛

朱洪鹤　傅利红　赵全强　毛旭君　温运福　张家斌

周　湘　谢　辉　杨海萍　李国定　杨瑞鹤　郦其根

审定人员： 邓文华　游劲秋　李　萍

目　　录

第一篇　调解案例

第 一 篇

调 解 案 例

清单项目特征

1　工程量清单项目特征描述不完整如何处理

双方争议点：

土钉锚杆工程量清单项目特征描述不完整，结算如何处理。

基本情况：

2015年，某市安置房项目采用《建设工程工程量清单计价规范》GB 50500—2013中工程量清单招标，合同约定为固定单价模式。本项目基坑围护施工图中支护锚杆设计有“浆囊袋注浆锚杆”和“普通土钉锚杆”，而工程量清单只列了一个清单项目“010202008001 土钉”，项目特征描述为“锚杆设置*D*25三级钢，详基坑剖面图”。

【评注】

浆囊袋注浆锚杆是近年来刚推出的新支护工艺，浆囊袋是本锚杆技术的核心，是有别于其他类型锚杆的特征。由于通常的锚杆注浆工艺对浆液扩散无法进行控制，采用浆囊袋后，水泥浆注入浆囊袋内，浆液的扩散受浆囊袋引导制约，从而保证浆液在可控范围内扩散，施工质量比较容易控制，还提高了锚杆的抗拔力，锚杆的密度可以大幅度降低，从而节约造价。

承包方意见：

由于清单项目特征描述中未提及“浆囊袋注浆”字样，且引用清单条目又为土钉清单，故承包方投标报价时按普通土钉锚杆报价，实际施工中两者价格相差较大。而且施工图剖面较多，其中也有普通土钉锚杆剖面图。因此，承包方要求“浆囊袋注浆”锚杆按其施工工艺要求，参照原投标报价口径重新组价。

【评注】

根据《房屋建筑与装饰工程工程量计算规范》GB 50854—2013 中项目编码“010202008 土钉”项目特征要求描述：“1. 地层情况；2. 钻孔深度；3. 钻孔直径；4. 置入方法；5. 杆体材料品种、规格、数量；6. 浆液种类、强度等级。”本清单未按清单指引中的特征要素完全描述到位。

发包方意见：

由于浆囊袋注浆说明篇幅较多，工程量清单特征描述不可能长篇赘述把所有内容都描述一遍，且部分内容也不一定能用文字表达清楚，因此，清单特征描述“锚杆设置 *D*25 三级钢，详基坑剖面图”是可行的。另外，承包方在招标答疑时也未对该条特征描述提出不同意见，因此，发包方认为结算时应按原报价计取。

【评注】

根据《杭州市建设工程工程量清单计价实施细则（2013 年修订）》（杭建市发〔2018〕578 号）（以下简称《实施细则》）第十二条：招标工程量清单编制人确定分部分项工程项目清单项目名称和描述项目特征时应符合《工程量计算规范》的要求，具体、准确、完整，把影响工程造价的因素描述清楚。清单特征描述的完整性不体现在文字内容的多少，而是应将影响造价的因素描述清楚，详见图纸或图集仅作为辅助参考。根据《实施细则》第七条：“招标工程量清单是招标人依据国家标准、招标文件、设计文件及施工现场实际情况编制的，与招标文件一同发布供投标人报价的工程量清单，它是招标文件的重要组成部分，其准确性和完整性由招标人负责。投标人不具有修改和调整招标工程量清单的权力。”故投标人无权修改清单，如有疑问可以在招标阶段提出，由招标人统一发布补充、答疑文件修正。同时，招标人也不能认为投标人不提出清单疑问而转嫁清单的准确性、完整性风险。

调解意见：

本工程图纸设计两种工艺做法造价有差异，而清单描述未把影响工程造价的因素描述清楚，造成的争议应由发包方负责，因此，浆囊袋注浆锚杆可参照投标口径重新组价。

【评注】

根据《建设工程工程量清单计价规范》GB 50500—2013 第 4.1.2 条：“招标工程量清单必须作为招标文件的组成部分，其准确性和完整性应由招标人负责。”清单质量问题责任在招标人。

《关于规范建设工程施工招标文件计价条款的指导意见》（浙建〔2016〕2 号）中明确，在编制工程量清单时，招标人应对项目特征进行准确和全面的描述，不应出现“清单中虽未描述但在设计图纸中已明确的工程内容视作已包含在投标人相应的综合单价内”等类似表述。

本工程施工合同约定采用固定单价模式，合同第 12.1 条第 3 款单价调整约定：“施工中出现施工图纸或设计变更与工程量清单项目特征描述不符的，发承包双方应按新的项目特征确定相应工程量清单项目的综合单价。”

故本清单项目应参照合同约定重新调整综合单价。

政策性文件调整

2　施工期间遇政府出台调价文件如何调整

双方争议点：

政策性文件调价以定额费用为基础，还是按投标费用为基础。

基本情况：

某安置房新建项目采用工程量清单招标。招标文件、合同条款一致约定："8.1.15　合同各方约定合同价款的其他调整因素：基准日（开工之日）以后至竣工验收合格为止，有关法律、法规规章和政策（不包括其间发布的新版预算定额、新版清单指引、新版费用定额、新版机械台班费用等）发生变化影响建筑安装工程造价的，应按省级或行业建设主管部门或其授权的工程造价管理机构发布的规定调整合同价款。"该工程于2013年12月1日开工，2016年8月竣工。2013年12月6日浙江省建设工程造价管理总站下发文件《关于〈浙江省建设工程施工费用定额〉有关费用项目和费率调整的通知》（浙建站计〔2013〕64号）。结算过程中，双方就因费率发生变化后计费基数问题结算时发生争议，二者价款差异为135万元。

【评注】

《关于〈浙江省建设工程施工费用定额〉有关费用项目和费率调整的通知》（浙建站计〔2013〕64号）中对安全文明施工费和企业管理费进行了调整，其中，安全文明施工费增加了施工现场消防要求及扬尘处理等发生的费用，调整后费率按原费率乘以系数 1.7；企业管理费增加了检验试验费、办公软件、现场监控、集体取暖降温（包括现场临时宿舍取暖降温）所发生的费用和企业为施工生产筹集资金或提供预付款担保、履约担保、职工工资支付担保等所发生的财务费等，调整后企业管理费按原费率乘以系数 1.3。

《浙江省建设工程施工费用定额》（2010 版）建设工程施工费用计算规则中规定："建设工程施工组织措施费、企业管理费、利润及规费的施工取费基数：1. 编制招标控制价时，应以定额的人工费及定额的机械费作为计算费用的基数；2. 编制投标报价时，其人工、机械台班消耗量可根据企业定额确定，人工单价、机械台班单价可按当时当地的市场价格确定，以此计算的人工费和机械费作为取费基数。"

承包方意见：

投标报价时的施工组织措施费、企业管理费、利润是作为竞争性费用，由投标人投标时自主确定，费率调整的费用应以清单项目中依据已标价的清单综合单价确定的"人工费 + 机械费"为计算基数，分别计算相应的调整费用，且原投标清单有的分部分项工程量清单结算时费率调整的基数应与原投标口径一致。

【评注】

措施费是指为完成工程项目施工，发生于该工程施工准备和施工过程中的技术、生活、安全、环境保护等方面的非工程实体项目的费用，依据《浙江省建设工程计价规则》（2010 版）和施工招标文件，措施费均作为竞争性费用，由投标人投标时自主确定。

发包方意见：

双方签订的合同约定：政策性文件发生变化影响建筑安装工程造价的应予调整。取费基数是对所有投标人的约定，竣工结算时应当按编制招标控制价原则，以定额的人工费及定额的机械费作为计算基数。

【评注】

《关于〈浙江省建设工程施工费用定额〉有关费用项目和费率调整的通知》（浙建站计〔2013〕64号），是体现社会平均水平的，属合同约定的政策性调整文件。根据文件规定，应以定额的人工费及定额的机械费作为计算基数。

调解意见：

依据《浙江省建设工程计价规则》（2010版）结合《浙江省建设工程施工费用定额》（2010版），费率发生变更时应按“定额人工费＋机械费”为基数进行取费补差，另计税金。

【评注】

定额遵循成本、价格、利润等经济学基本理论和市场经济规律，依据《中华人民共和国建筑法》《中华人民共和国合同法》《中华人民共和国价格法》《中华人民共和国招标投标法》和《建筑工程施工发包与承包计价管理办法》《建设工程工程量清单计价规范》GB 50500—2013的规定，以及“政府宏观调控、企业自主报价、市场形成价格、加强市场监管”等改革思路，通过对建设市场的调研以及对施工项目成本的测算、分析，结合浙江省的实际情况进行编制。定额适用于浙江省建设工程计价活动，包括工程合同价款的确定，竣工结算的办理以及施工过程中的索赔、工程价款调整和工程计价争议处理等活动。定额的费用计算程序和施工取费计算规则具有系统性，定额费率发生变更时应按“定额人工＋机械费用”为基数进行调整。在确定合同性质的基础上，根据合同约定的原则，经过调解，最终促使双方达成了调解协议。

材料调整

3　二次竞争性谈判价格是否能作为结算依据

双方争议点：

电梯厅抛光砖二次竞争性谈判价格能否作为结算依据。

基本情况：

因设计技术联系单中修改公共部位装饰的建筑做法，将已有投标报价的增量抛光砖重新进行竞争性谈判竞价。工程电梯厅及架空层原设计为：首层墙面采用抛光砖饰面（型号 600mm × 300mm，5mm 厚），首层以上电梯厅墙面采用乳胶漆饰面，电梯厅地面为抛光砖饰面（型号：600mm × 600mm，10mm 厚）。经设计变更为：首层及以上电梯厅墙面均采用抛光砖饰面（型号：600mm × 300mm，10mm 厚），电梯厅地面采用抛光砖饰面（型号：600mm × 600mm，10mm 厚）。变更后新增墙面抛光砖材料 5 754m^2，由（型号：600mm × 600mm，10mm 厚）切割而成。经查承包方的投标文件，（型号：600mm × 600mm，10mm 厚）抛光砖在招标定牌定价材料一览表中已有报价，其中一标段报价为 96.72 元 /m^2，二标段报价为 84.16 元 /m^2。实际施工中发包方将电梯厅及架空层变更新增的抛光砖通过竞争性谈判，确定材料采购价格为 125 元 /m^2。

【评注】

原招标时已有投标报价，后期因设计变更对整个架空层、电梯厅墙面全部改为抛光砖，工程量大幅增加，后续对此材料重新进行二次竞争性谈判竞价，且重新竞价的结果明显高于投标报价，这是造成本项目双方争议根源之一。

承包方意见：

此抛光砖材料因设计变更，工程量大幅增加，经发包方允许，由我单位对电梯厅、架空层墙面抛光砖的材料进行了竞争性谈判，且实际施工时承包方也是按此价格对抛光砖购买与支付的，因此，承包方认为应按此竞争性谈判价格 125 元 /m^2 进行结算。

【评注】

本工程架空层及电梯厅抛光砖采购主体为承包方，经发包方允许，由承包方委托具有资质的招标代理公司进行采购招标。在实际采购过程中，实际支付按此竞争性谈判价格，故应以此作为结算依据。

发包方意见：

承包方根据每个合同标段电梯厅、架空层墙面抛光砖（型号：600mm × 600mm，10mm 厚）图示尺寸面积，经过量与价的测算，单项采购价均在 100 万元以下，按照《关于印发〈宁波市工程建设项目有关设备材料采购招标投标暂行规定〉的通知》（甬资交管办〔2012〕3 号）第五条规定："单项采购合同金额未达到 100 万元，或产品已获得国家专利的，可参照《中华人民共和国政府采购法》的有关规定，采用竞争性谈判，或询价等非招标的方式来选择供应单位。"

【评注】

由于前期电梯厅装修图纸设计及评审原因，施工时间较为紧迫，承包方采用竞争性谈判只需十天左右即可以完成实施，而采用公开招标，从编制清单、审核、公告、招标期、公示期，至少得需要一个半月甚至更多时间，而该电梯厅装修节点处于进度计划关键线路上，将直接影响整个工程能否按时顺利交付，而按时交付是维稳工作重点之一，同时，提前一个月安置能节省安置过渡费用近 300 万元，发包方同意采用此竞争性谈判来定价。

调解意见：

此抛光砖材料因设计变更引起工程量大幅增加，变更后新增墙面抛光砖约 5 754m^2，经发包方允许，由承包方委托具有资质的招标代理公司进行采购招标，承包方对此引起的价格进行公开竞争性谈判，此竞争性谈判竞价为有效竞价，应予以认可。

【评注】

本工程架空层及电梯厅抛光砖采购主体为承包方，且是经过发包方允许，由承包方委托具有资质的招标代理公司进行采购招标，此竞争性谈判竞价程序到位，且实际采购过程中，实际支付按此竞争性谈判价格，遵循公平公正原则，应以此作为发承包双方结算依据，对于发包方项目管理过程中类似问题应从源头加强管理。

工期延长或延误

4　非承包方原因引起的工期延长如何调价差

双方争议点：

非承包方引起的工期延长，如何进行材料及人工调差。

基本情况：

某大型综合体公建项目，地下3层，地上12层，总建筑面积302 360.61m^2。合同约定，合同期间人工、材料市场价格波动±5%作为承包方风险范围。承包方于2015年12月2日开工，因设计调整等原因，项目于2017年3月31日全面停工，直至2017年10月1日才全面复工。由于停工时间较长，其间人工、材料价格大幅上涨，双方就非承包方原因引起的价格调整发生较大的争议。

【评注】

因设计调整而引起的停工，不属于承包方责任，在停工期间人工、材料价格上涨的，承包方有权提出价格要素的调整。

承包方意见：

全面停工之前（2017年3月31日前）已完工程量的人工及材料价差调整，按原合同口径结算。

重新开工之后，由于人工和材料价格大幅度的上涨，根据《浙江省建设工程价格信息动态管理办法》（浙建〔2012〕1号）以及《关于进一步加强杭州市建设工程市场要素价格动态管理的指导意见》（杭建市〔2011〕198号）文件（以下简称杭建市〔2011〕198号文件）的相关精神，即“非承包方原因延误工期而遇价格涨跌的，延误期间的价格上涨费用由发包方承担，价差计入工程造价”的原则，承包方对2017年10月1日重新开工后所完成工程量，由于人工和材料价格上涨所造成的风险幅度不予承担。

对2017年10月1日后完成工程量的人工及材料补差部分价款，应按时间进度分段计算，即工程实行按月计量和计算价差（即发生的价差100%纳入当月进度款支付），合同双方应根据当月已完工程量按造价信息中的所有人工及材料价格与投标文件编制期对应的造价信息中的所有人工及材料价格进行比较，调整相应价差。

【评注】

承包方所引用的文件条款比较精准，这就为项目调解打下比较坚实的基础。同时，承包方采用了过程解决的方法，在合同履行过程中，向调解机构提出调解申请。因为合同没有履行完毕，发包方合同利益尚未实现，需要承包方的积极配合，其合理诉求容易为发包方所接受。

发包方意见：

材料价格涨跌属不可预见，投标人在投标时应充分考虑涨跌风险。

2017年3月31日停工，工程处于第二层地下室土方开挖阶段，如不停工地下室底板预计在5月才能开始浇筑，投标期2015年9月与2017年5月钢筋价格对比，以圆钢（综合）为例，2015年9月信息价为2 432元/t，2017年5月信息价为4 167元/t，钢筋价格在停工之前已经大幅涨价。

根据合同第12.4.1条约定，施工过程中增加的任何费用，全部在竣工结算审核完成后支付。材料调差需结算审核完成后支付。

【评注】

发包方提出的调差结算时间的理由比较合理，但对是否应调差及如何调差理由依据不足。

调解意见：

根据双方的会议纪要，工期延误责任明确。对工期延误导致的价款调整，应按合同约定的文件执行，即杭建市〔2011〕198 号文件第一条第（三）款第 2 项的规定，“非承包方原因延误工期而遇价格涨跌的，延误期间的价格上涨费用由发包方承担，价差计入工程造价；反之，因价格下降造成的价差则由承包人受益，发包方不得扣回价差”。

对于 2017 年 3 月 31 日全面停工之前已完工工程量的人工及材料价差调整，按原合同口径进行结算；对于 2017 年 10 月 1 日全面复工以后至原合同工期内完成的工程量，因非承包方原因导致工程延期，对合同调差范围内的人工、材料的价格，按杭建市〔2011〕198 号文件中“按时间进度分段计算”进行调整，不再承担人工、材料调差的风险幅度；对于 2018 年 8 月 28 日以后超过原合同工期完成的非承包方原因延误工期累计日历天数内完成的工程量，对人工、材料、机械（含机械设备、周转材料）价差调整均按杭建市〔2011〕198 号文件规定的责任与风险挂钩原则，即延误期间的价格上涨费用由发包方承担，价格下降造成的价差费用由承包方受益，价格调整按杭建市〔2011〕198 号文件中“按时间进度分段计算”的规定执行，不再承担人工、材料调差的风险幅度；对上述价格调整引起的材料价差纳入工程进度款同期支付。

【评注】

因停工造成的工期延误，如何进行人工和材料的调差，是实践中的难点问题，经常发生争议。调解过程中首先要分清延误责任，在此基础上，根据合同所引用的政策文件或合同条款约定规定，按不同情况提出调解方案，最终为双方所接受并执行。

5　因修理或返工引起的逾期交付如何确定逾期责任

双方争议点：

由于修理或返工造成逾期交付的，逾期违约金如何支付。

基本情况：

某食堂整治工程，合同约定开竣工日期为 2018 年 8 月 15 日至 2018 年 10 月 31 日，工期共计 75 日历天。合同内容主要包括：拆除工程、乳胶漆、天棚工程、门窗更换工程、不锈钢工程、电气工程和给排水工程等。

承包方在 2018 年 10 月 31 日工程完工后，于 2018 年 11 月 2 日向发包方提交竣工验收申请。发包方在收到申请后，于 2018 年 12 月 12 日进行工程验收，验收情况如下：油漆工程、门窗工程、楼地面工程、电气工程和给排水工程等基本符合要求；部分墙体油漆脱落，需返修；部分窗框开关不畅，需返修。因此，承包方对不合格部分进行了返修，返修完成后发包方于 2018 年 12 月 18 日进行复检，最终工程复检合格。

结算过程中，双方就本工程是否逾期问题发生争议。

【评注】

依据《中华人民共和国合同法》第二百七十九条的规定："建设工程竣工后，发包人应当根据施工图纸及说明书、国家颁发的施工验收规范和质量检验标准及时进行验收。验收合格的，发包人应当按照约定支付价款，并接收该建设工程。建设工程竣工经验收合格后，方可交付使用；未经验收或者验收不合格的，不得交付使用。"依据《中华人民共和国建筑法》第六十一条的规定："交付竣工验收的建筑工程，必须符合规定的建筑工程质量标准，有完整的工程技术经济资料和经签署的工程保修书，并具备国家规定的其他竣工条件。建筑工程竣工经验收合格后，方可交付使用；未经验收或者验收不合格的，不得交付使用。”

承包方意见：

承包方于 2018 年 11 月 2 日向发包方送交竣工验收申请，而发包方迟迟不予验收，根据《最高人民法院关于审理建设工程施工合同纠纷案件适用法律问题的解释》（以下简称《司法解释》）第十四条的规定，认为应以承包人提交竣工报告申请之日为竣工日期，保修期应从提交竣工报告申请之日起计算。

【评注】

《司法解释》第十四条：“当事人对建设工程实际竣工日期有争议的，按照以下情形分别处理：（一）建设工程经竣工验收合格的，以竣工验收合格之日为日期；（二）承包人已经提交竣工验收报告，发包人拖延验收的，以承包人提交验收报告之日为竣工日期；（三）建设工程未经竣工验收，发包人擅自使用的，以转移占有建设工程之日为竣工日期。”

发包方意见：

合同中对发包方在收到竣工验收报告后组织验收的期限没有做出约定，故不能以竣工报告申请之日为竣工日期，应以竣工验收合格之日为竣工日期，保修期应从工程竣工验收合格之日起计算。我单位综合考虑承包方诉求和工程实际验收情况，因该工程初验不合格，故本工程逾期违约金应按返工天数计算。

【评注】

依照《建设工程质量管理条例》第四十条和《房屋建筑工程质量保修办法》第

八条的规定，房屋建筑工程保修期从工程竣工验收合格之日起计算。竣工验收合格之日的确定，是指发包方收到建设工程竣工报告后，组织设计、施工、工程监理等有关单位进行竣工验收，验收合格后各方签署竣工验收文本的日期。

调解意见：

合同有明确约定的，应当按约定来处理，合同没有约定或者约定不明的，可引用标准施工合同来处理争议。根据《建设工程施工合同（示范文本）》（GF–2017–0201）中通用条款第13.2.3条的规定，因发包人原因，未在监理人收到承包人提交的竣工验收申请报告42天内完成竣工验收或完成竣工验收不予签发工程接收证书的，以提交竣工验收申请报告的日期为实际竣工日期。

在本工程中，承包方于2018年11月2日向发包方送交竣工验收申请，而发包方在收到申请后于2018年12月12日进行工程施工质量验收，日期间隔为40天，存在验收延误的情况。由于本工程经初验需返修，承包方返修完成后由发包方进行复验并复验合格，经过调解，最终发承包双方达成了调解协议，承包方向发包方支付逾期违约金。

【评注】

发包方收到承包方提交的竣工验收报告后应当及时组织验收，验收合格的，以承包方提交竣工报告的日期为竣工日期；如果验收不合格需返修，承包方在返修后需重新提交报告。如果因发包方拖延验收导致延误，责任应当由发包方承担。根据《建设工程施工合同（示范文本）》（GF–2017–0201）通用条款第13.2.2条第2款规定，监理人审查后认为已具备竣工验收条件的，应将竣工验收申请报告提交发包人，发包人应在收到经监理人审核的竣工验收申请报告后28天内审批完毕并组织监理人、承包人、设计人等相关单位完成竣工验收。

6 因工期延误造成的机械闲置及超期使用如何计取费用

双方争议点：

对于机械闲置时间与工期超期时间大型施工机械是否可以得到补偿，超期部分如何补偿。

基本情况：

某住宅工程为改建工程，地上主楼15层，建筑面积约20 000m^2，承包范围为地上的土建、外装饰与内装饰部分。合同采用固定单价，约定合同总工期为18个月，合同价款700万元，暂定金额30万元。合同中约定发包方分包的工程，承包方应承担总承包的责任，同时应提供必要的如水、电、脚手架等设施并满足施工要求，提供的时间为分包工程从开工至完工。本工程开工时间为2015年9月签订施工合同，2015年12月安装塔吊，2016年9月开始施工使用，直到2018年拆除。塔吊实际使用天数已经超过了合同约定规定总工期，前期塔吊闲置与后面超期使用引起争议。

【评注】

在该工程合同签订后，塔吊闲置时间和使用时间与工程一直未开工有关，主要原因为发包方资金未落实，工程没有及时开工，而承包方也没有及时将此情况整理汇报申请索赔，因此，发包方和承包方彼此存在一定责任，同时，在施工合同签订中没有就大型施工机械设备闲置与超期使用约定相关规定与计算方法，导致事后的争议。

承包方意见：

工程前期塔吊的闲置与超期使用，是由发包方自身原因引起的，应该按照市场上塔吊的租赁费给予相应的补偿。

【评注】

因发包方资金链的关系开工延误，导致安装好的塔吊未能如期使用，根据相关的规定，因发包方原因导致窝工或机械设备闲置，理应赔付承包方相应补偿金额。同时，超期使用的工期应根据相关计价表规定进行计算，按照超出天数进行赔付。

发包方意见：

因合同中规定“承包人应负起总承包的责任，同时应提供必要的如水、电、脚手架等设施满足施工要求，提供的时间为分包工程从开工至完工为止”那么，承包方就应该按照合同执行。同时，工程为总承包合同，垂直运输工程总量不变，工作内容不变，理应由承包方承担。

【评注】

塔吊的使用时间，在总承包合同中规定为承包方的责任，因此，承包方应该按照合同中约定执行。同时，因为本工程为总承包工程，承包方收取了相应的总承包费，因此，塔吊费用应该由承包方负责。

调解意见：

因发包方开工迟延导致设备闲置费用，应当由发包方承担相应费用。发包方不能以总承包责任为由进行辩解。根据相关的计价规则，垂直运输费单位按照天数计算，可将前期闲置的塔吊天数按定额规定来计取折旧费与人工费，超期使用费用按综合单价计取。

【评注】

在工程开始阶段，发包方应将前期工作准备充分，避免工程出现设备闲置、窝工现象，同时，应该避免过早进行招标，造成后续不必要的损失。承包方在施工过程中，应及时做好准备应对变化，对异常情况的资料进行整理，及时汇报申请相应补偿，避免给自身造成后续不必要的损失。

措施费项目

7 临时交通道路修复费用由谁承担

双方争议点：

工程实施中，临时交通改道导致道路破损，修复的费用应该由谁承担。

基本情况：

某连接线工程为老旧道路的提升改建工程。根据临时交通组织设计，采用利用原非机动车道承担施工期间的道路通行需求交改方案。由于该条道路交通流量巨大，重载车辆多，施工工期长，在实际使用中，该非机动车道路面应承载能力不足出现大量的破损，必须加以修复。经过建设、设计、监理、施工等单位的联合勘查、讨论，决定采用对原沥青混凝土路面挖除，重新浇筑 C30 混凝土路面进行补强修复的方案，对临时交改线路进行修复。经测算，修复费用需要 198.6 万元。

对于修复费用的承担，发承包双方依据自己对合同相应条款的理解，产生了争议，均主张由对方承担修复费用。

施工合同第 21.3 条约定："发包方针对工程特殊要求，由承包方负责实施，相关费用已列入合同价：结合交通组织设计专项文件，编制本项目的专项施工交通组织方案……发包方已充分考虑现状及全过程施工、通行条件，并初步制定各阶段交通组织、维护等相关方案……发包方已充分考虑包括但不限于上述相关维护及施工费用，如承包方因任何原因改变上述交通组织方案或便道通行方案，增加的相应费用，发包方不再另行支付。上述方案中的便道实施标准及实施范围红线已在施工图中明确，同时，承包方应在工程施工期间对便道进行日常养护、维修、修补等，上述产生的费用，已在措施费中综合考虑，一次性包干使用。”

发包方认为此费用为合同风险，按合同约定应由承包方承担相应费用。承包方则认为，该风险不应由承包方承担，应由发包方承担相应费用。

【评注】

根据《建设工程工程量清单计价规范》GB 50500—2013 的规定原则是合理分担。

第 3.2.1 条：“发包人提供的材料和工程设备（以下简称甲供材料）应在招标文件中按照本规范附录 L.1 的规定填写《发包人提供材料和工程设备一览表》，写明甲供材料的名称、规格、数量、单价、交货方式、交货地点等。

承包人投标时，甲供材料单价应计入相应项目的综合单价中，签约后，发包人应按合同约定扣除甲供材料款，不予支付。”

第 3.2.4 条：“发承包双方对甲供材料的数量发生争议不能达成一致的，应按照相关工程的计价定额同类项目规定的材料消耗计算。”

承包方承担的风险分完全承担风险、有限承担风险。完全承担的是其自身原因造成的费用增加，有限承担的是物价风险及不可抗力风险。风险内容及其范围应在招标文件、合同中明确。

本工程费用增加，究其缘由是原非机动车道结构承载力不足以承担交通压力，发生大面积损毁必须进行加固改建修复，属临时交通组织方案的不合理产生。

该项交通组织方案由发包方在施工图纸上明确，由承包方负责实施；承包方承担“对便道进行日常养护、维修、修补等”责任。可见承包方对于交通组织方案的实施仅承担有限责任。非机动车道承载力不足破损事宜，已达成情势变更的成立要素，应遵从公平合理原则进行处理。

承包方意见：

发包方利用原道路非机动车道作为交改便道，而合同第 21.3.1 条中的便道日常维修、养护、修补仅包含常规路面破损等养护、修复工作，但未考虑到原道路非机动车道作为交改便道后需通行各类社会车辆，结构层承载力不足。

按照招标时提供的交通组织方案进行交改后，原非机动车道位置沉降严重，需挖除结构层重新浇筑混凝土面层，因此，该修复内容不属于合同约定的风险范围内，属于新增变更内容应该予以计量。

【评注】

承包方应该在合同约定的风险内容和范围内承担合同风险。本工程风险是由于原交通组织方案的缺陷导致的，发包方不能将自己的责任当成风险转嫁承包方。本工程造成争议的原因是合同约定的价格包干条款，对于该类条款承包方应对风险的内容和范围特别加以关注；必要时应通过招标答疑等方式在施工前明确风险内容和范围，以防工程实施时产生异议。

发包方意见：

根据合同第 21.3.1 条约定“临时交改无论因任何原因改变，费用均不另行支付，日常维修养护修补等费用一次性包干。”因此，该修复内容不予计取。

【评注】

依据合同条款，发包方认为：“对便道进行日常养护、维修、修补等，上述产生的费用，已在措施费中综合考虑，一次性包干使用”，故该项费用属承包方风险，不需另行支付。

发包方利用设置合同条件主动权地位的便利，将承包方风险无限化，既不符合公平合理原则也不具备实际操作的可能性，与法律法规也有所冲突，所签订的合同条件也不必然有效。合理设置风险内容和范围并合理支付相应费用，无疑是施工合同顺利履行的重要保证。

调解意见：

合同第 21.3 条虽然约定“承包方在施工期间对便道进行日常养护、维修、修补等，上述产生的费用，已在措施费中综合考虑，一次性包干使用”，但该条款是基于发包方在招标时所提供的专项设计方案基础上的，由于招标时该专项设计方案是由发包方提供的，且在工程实施过程中因非承包方原因又对此方案进行了调整，其实质已构成了设计变更，符合合同第 10.1 条“变更的范围”的相关约定，故应对其价格按照合同有关约定进行调整。

【评注】

依据合同约定和发承包方的责任，明确了费用责任方。提出了解决方案。调解方案被发承包双方接受，达成了调解目的。

根据权利义务统一的原则，从专项设计方案的设计方应该对设计成果负责的基本原理着手，剖析该案例的权利、义务和责任。推论出“费用一次性包干”的风险承担基础是专项设计方案的合理可行，因此提出的最终调解方案获得了争议双方的理解和认同。

8　围堰技术措施费以“项”包干能否调整

双方争议点：

在工程实施中，围堰技术措施以“项”包干是否可以调整。

基本情况：

鉴于某项目临河结构与河道距离很近，且横穿河道，施工风险很大，为确保临河侧结构开挖施工的安全，以及施工期间河道保持畅通，决定在河道内设置挡水围堰，利用3根直径1.5m波纹管对河水进行导流。原措施方案为分段围堰施工，现方案比原方案费用高505.12万元，双方就变更措施方案后费用是否可以调整产生争议。

发包方在招标文件中约定了该项目围堰专项方案自行考虑，不得调整该项包干费用。

【评注】

《建设工程工程量清单计价规范》GB 50500—2013第9.3.2条规定，工程变更引起施工方案改变并使措施项目发生变化时，承包方提出调整措施项目费的，应事先将拟实施的方案提交发包方确认，并应详细说明与原方案措施项目相比的变化情况。拟实施的方案经双方确认后执行，并应按照相关规定调整措施项目费。

承包方意见：

根据河道现场调查及汲取其他承包方施工经验，采用导管引流施工，河道经过导流管在基坑上过水，施工快捷一次到位，对后序结构施工影响较小。

本施工专项方案已经通过专家评审，且发包方工程部门已经完成工程变更审批程序。

【评注】

根据《建设工程工程量清单计价规范》GB 50500—2013 第 9.3.2 条第 3 款的规定，按总价（或系数）计算的措施项目费，如果承包方已事先将拟实施的方案提交给发包方确认，则应视为承包方主张工程变更引起措施项目费的调整。

发包方意见：

根据《招标文件》第五条工程现场条件及报价注意事项；第八条“交通疏解、河道围堰或导流等方案设计应与当地政府协商，并得到行政主管部门的批准，费用包干，不予调整”；第十九条“工程实施过程中，应确保河道不断流，投标人应充分考虑其措施费，并计入相关措施费报价中”。

根据《施工投标文件（技术标）》第 10.3 条，建议“结构施工过河道围堰施工改为导管引流施工”，调整了招标原分段围堰施工设计方案。

同时，《施工投标文件（商务标）》技术措施费中第 16 项“保证河道不断流的措施费”，该项费用为 20.516 万元，无任何细目组成。

综合以上，河道围堰及导流管工程的费用已包含在“保证河道不断流的措施费”中，本次不再计取。

【评注】

根据《市政工程工程量计算规范》GB 50857—2013 第 L.3 围堰 041103001 项目特征要求描述：围堰类型、围堰顶宽及底宽、围堰高度、填心材料，工程量计算规则分为：一是以“m^3”计量，按设计图示围堰体积计算；二是以“m”计量，按设计图示围堰中心线长度计算。

发包方在招标清单项目特征中仅描述河道不断流和具体详见设计图纸，清单特征未按规定描述，为后期方案调整埋下伏笔。

调解意见：

在争议主要内容中招标文件清单的项目特征描述不清，根据发包方已经有增加围堰及导流管工程变更的会议纪要，建议调整费用。

【评注】

《建设工程工程量清单计价规范》GB 50500—2013 第 9.3.2 条第 3 款，按总价（或系数）计算的措施项目费，按照实际发生变化的措施项目调整，但应考虑承包人报价浮动因素，即调整金额按照实际调整金额乘以 GB 50500—2013 第 9.3.1 条规定的确定单价。

根据《浙江省建设工程计价规则》（2018 版）第 8 章合同价款调整与工程结算第 8.3.1 条合同价款调整事项，按照风险共担和合理分摊的原则。

该争议费用的调整，可以分成两步骤：第一，分别计算两种技术方案的预算费用；第二，计算两种方案的差异值。这个方案回避了投标报价不均衡、无细目组成等问题，也能灵活处理调整金额的费用计算。

9 技术措施费特殊说明与一般说明不一致如何调整

双方争议点：

井点降水费用是否能按实调整。

基本情况：

某市商业商务用房工程，地点在某市经济技术开发区，工程造价为 37 668.17 万元，涉及争议造价约 300 万元，施工时间为 2015 年 7 月 30 日至 2015 年 12 月 31 日。

资料一：招标文件的清单编制说明中“28. 自流深井降排水从开挖前一周至地下室施工完毕回填到标高 ±0.000m 停止降水，使用天数暂估为 200 昼夜编制计入。办理结算时，按实际排水时间计算。”

资料二：招标清单中，技术措施费部分清单内容为“编号：011706002001；名称：排水、降水；描述：1. 机械规格型号：潜水泵规格由投标方根据具体情况自行决定报价；2. 降排水管规格：ϕ300PVC 波纹管；单位：昼夜；工程量：200。”

资料三：招标文件的投标须知中：“13.21 投标人技术投标文件中所列的施工组织和施工技术措施，费用均应包含在投标报价中，一次性包干。措施项目清单所列项目（投标人可结合实际情况补充措施项目）应为一个合格承包人为完成本工程所考虑的一切措施费用，图纸范围内的措施费中标后一次性包干，非承包人原因导致的除外。”

资料四：招标文件中总包合同“10 变更 10.4.1.4 施工组织措施费、施工技术措施费在招标范围未发生变化情况下，按投标报价包干。在招标范围发生重大变化引起施工技术措施项目费增加或减少时，根据相关变更依据和建设行政主管部门的批复意见进行相应调整，原技术措施费项目清单中已有的措施项目，按原有技术措施费的组价方法或单价调整；原措施费项目清单中没有的措施项目，组价方法按 10.4.1.2 执行；组织措施费一律不调整；招标范围未发生重大变化的变更，组织及技术措施费均不调整。”

资料五：招标文件补充（一）第20条：招标文件中第13.21条“措施项目清单所列项目……为完成本工程的一切措施费用，图纸范围内的措施费中标后一次性包干，非承包人原因导致除外。”招标人提出此条所述是指模板、脚手架、垂直运输、超高费、大型机械进出场及安拆费吗？而清单描述中大型机械进出场及安拆费则是暂估量，两者矛盾。若是包干因投标时间紧张，模板及脚手架工程工程量无法复核，能否计入“分部分项工程量清单表与计价表”中（列至最后），模板、脚手架按实结算，其中模板按照实际接触面积结算，请明确。招标人答复：按招标文件中第13.21条执行。“13.21　投标人（见资料三内容）。”

【评注】

措施费一次性包干是指在招标范围未发生变化时，组织措施费与技术措施费按原投标报价计取，不予调整。采用国标清单招标，工程量清单编制时工程量无法确定可按暂定工程量计入，结算时应按实调整；一般情况下暂定工程量只能作为招标的依据，而不能作为竣工结算的依据。本工程中清单编制说明与招标文件对降排水技术措施费的结算计取方式是相矛盾的，结算时如何计取降排水为本工程的争议点。

承包方意见：

资料一和资料二招标清单编制说明及清单列项中已经非常明确，井点降水费用为暂定200天的费用，结算时按实调整。根据资料三和资料四显示措施费包干，但已明确非承包方原因导致的除外，现井点降水根据现场实际及图纸要求需增加降水时间符合“非承包人原因”可以调整的特殊情况。且承包方投标按照招标清单及清单编制说明报价，无法修改招标清单列项，上报仅为井点降水的单价，工程量应按实调整。

【评注】

降排水实际施工天数与工程量清单暂定的200天相差较多，承包方认为暂定天数不合理，且工程量清单准确性和完整性由发包方负责。另外，清单编制说明中明确指出降排水工程量结算时可调整，所以按原投标报价时的暂定工程量作为结算依据不合理，应予以调整。

发包方意见：

根据资料三、资料四措施费包干。资料四可知已经对技术措施费中的“模板、脚手架、垂直运输、超高费、大型机械进出场及安拆费”做出说明包干，井点降水也应理解为包干。故井点降水费用包干不做调整。

【评注】

发包方认为措施费包括组织措施费与技术措施费，而降排水属于技术措施费，根据合同约定招标范围未发生变化时措施费应按投标报价计入，不予调整。

调解意见：

根据合同约定，“施工组织措施费、施工技术措施费在招标范围未发生变化情况下，按投标报价包干措施项目包干”，但措施项目中的“排水、降水”项目在清单编制说明中注明为“使用天数暂估为200昼夜编制计入。办理结算时，按实际排水时间计算”，属于特殊说明项目，应按其说明进行调整。

【评注】

本工程招标文件、施工合同中表明措施费一次性包干，无重大变更则按投标报价计入结算，不予调整。而清单编制说明中表明降排水按“使用天数暂估为200昼夜编制计入，办理结算时，按实际排水时间计算”。降排水虽然属于措施费其中一项，但对其有特殊约定时应按特殊约定执行，而且降排水暂定的工程量与实际施工工程量偏差较大，另外，工程量清单与招标文件编制缺陷而造成的损失不应由承包方承担。

合同类型

10　合同类型存在矛盾如何处理

双方争议点：

工程竣工结算是以固定总价还是按照固定单价结算。

基本情况：

某房地产开发公司拟开发建设商品房项目，招标文件规定：实行工程量清单招标，采用综合单价法进行报价。承包方于 2013 年 9 月中标，发承包双方于 2013 年 10 月签订《建设工程施工合同》(以下简称《施工合同》)，依法备案并实际履行。《施工合同》专用条款第 23 条约定：采用经双方工程量核对确认后的固定价格合同。专用条款第 26 条第 8 款规定："核对完的预算造价作为支付工程款的依据。核对完的工程量除设计变更外结算时不再调整"。

2013 年 8 月，设计单位出具招标施工图（以下简称施工图 1），2013 年 12 月设计单位又出具优化后的实际施工图（以下简称施工图 2）。2015 年 10 月 20 日，发包方委托的第三方工程咨询公司编制《工程预算书》，发承包双方均予以盖章，但该预算书未载明依据哪一版施工图而编制。工程竣工验收合格后，发承包双方因结算发生争议。发承包双方均确认工程系按照施工图 2（该图与竣工图基本相符）施工的，但却因编制《工程预算书》所依据的施工图为哪一版发生争议。

承包方主张以《工程预算书》为依据进行结算；发包方主张按照施工图 2 据实结算。造价鉴定单位分别按照承包方和发包方的主张出具不同造价金额，但二者金额差异高达人民币 1 000 万元以上，造价鉴定意见中特别载明按照承包方主张鉴定的造价金额“不含预算定稿图纸与竣工图的差量金额”。此后，发包方提供了《工程预算书》编制单位出具的书面文件，申请对“施工图 1 是否为预算定稿对应的图纸”等事项进行补充鉴定。鉴定单位出具补充鉴定意见认为“因安装未提供算量模型及计算底稿，无法进行对比分析，无法确定施工图 1 是否为定稿预算所对应的施工图。施工图 1 因大量工程量模型未计入，工程量与定稿预算书土建部分工程量一致匹配率为 37.29%，施工图 1 相对于定稿预算土建部分的工程量偏差比例为 3.59%，施工图 2 相对于定稿预算土建部分的工程量偏差比例为 5.7%”。

【评注】

招标文件主要包括投标须知、评标办法、招标合同条件和投标格式等。投标文件主要包括商务标、技术标等文件。投标单位中标后，应该按照招标文件（招标须知、合同内容）和投标文件之内容签订施工合同，而不应擅自调整；否则，可能导致施工合同内容与招标文件、投标文件和中标通知书内容不一致，导致全部无效或者部分无效的风险。

《建设工程施工合同（示范文本）》（GF-2013-0201）是对《建设工程施工合同（示范文本）》（GF-1999-0201）的合同价格形式做了调整，规定了单价合同、总价合同和其他价格形式等，并被《建设工程施工合同（示范文本）》（GF-2017-0201）所沿用。

承包方意见：

（一）本工程应按照合同专用条款第 26 条第 8 款约定，以《工程预算书》为依据进行结算，即本工程造价以《工程预算书》确定的预算造价为基础，合同外造价以工程联系单据实结算。《工程预算书》经发承包双方盖章确认后，相当于固定总价，即使《工程预算书》中记载的工程量与实际工程量不符，合同价格也不予调整。

（二）《工程预算书》是以施工图 2 为依据编制的，施工图 2 与竣工图是一致的，因此，预算定稿图纸与竣工图不存在差量。

【评注】

总价合同是指合同当事人约定以施工图、已标价工程量清单或预算书及有关条件进行合同价格计算、调整和确认的建设工程施工合同，在约定的范围内合同总价不做调整。

合同当事人应在专用合同条款中约定总价包含的风险范围和风险费用的计算方法，并约定风险范围以外的合同价格的调整方法。

发包方意见：

本工程应据实结算，根据招投标文件，以工程量清单方式计价，根据《建设工程工程量清单计价规范》GB 50500—2013 第 8.2.1 条的规定，本工程的工程量应据实结算，即应按照《建设工程施工合同司法解释（二）》第十条规定执行。

《工程预算书》编制目的是作为支付工程进度款的依据，而非竣工结算的依据。《施工合同》专用条款第六章是针对工程预付款和工程进度款，而第九章是针对工程结算的。合同专用部分第 26 条第 8 款规定于《施工合同》专用条款第六章，据此该条款中的“工程款”应理解为“工程进度款”，“结算”应理解为“期中结算”。“该条款”不应理解为本工程竣工结算的合同依据。

公平原则是我国法律的基本原则，本工程据实结算对于发承包双方而言最为公平。

鉴定单位并未否定施工图 1 是《工程预算书》对应图纸的可能，而算量模型与施工图 1 一致，可以证明《工程预算书》是以施工图 1 为依据编制的。即使按照承包方主张的方式进行案涉工程结算，也应在据此鉴定的造价中扣除施工图 1 与竣工图之间的量差金额。

【评注】

单价合同是指合同当事人约定以工程量清单及其综合单价进行合同价格计算、调整和确认的施工合同，在约定的范围内合同单价不做调整。合同当事人应在专用合同条款中约定综合单价包含的风险范围和风险费用的计算方法，并约定风险范围以外的合同价格的调整方法。

调解意见：

《建设工程施工合同司法解释（二）》第十条："当事人签订的施工合同与招标文件、投标文件、中标通知书载明的工程范围、建设工期、工程质量、工程价款不一致，一方当事人请求将招标文件、投标文件、中标通知书作为结算工程价款的依据的，人民法院应予支持"。发承包双方当事人签订施工合同，与招标文件、投标文件和中标通知书内容不一致，应以招标文件、投标文件和中标通知书内容作为发承包双方结算的依据。

同时，依据鉴定意见，若以《工程预算书》确定的预算造价作为工程结算的依据，应明确"预算定稿图纸与竣工图之间的量差金额"，但因图纸缺失无法认定《工程预算书》对应的图纸为施工图 1，而承包方也无法证明《工程预算书》对应的图纸是施工图 2，这直接导致"预算定稿图纸与竣工图之间的差量金额"无法确定。因此，根据施工合同专用条款第 2.3 条的约定，如果以《工程预算书》作为发承包双方结算的依据有失公允，建议据实结算。

【评注】

发承包双方应依法按照法律规定签订施工合同，避免因施工合同与招标文件、投标文件和中标通知书内容不一致的情况；也应避免招标文件的计价方式与招标合同条件不匹配的情况，比如招标文件载明清单计价方式。

固定总价包干的合同应当分为两种：一种是以施工图为准的固定总价包干合同，另一种是以工程量清单为准的固定总价包干合同。对于固定总价包干的合同，应当明确约定包干是以工程量清单中所列的工程量为准，还是以施工图中的施工内容为准。

根据《建设工程工程量清单计价规范》GB 50500—2013 第 7.2.2 条规定："合同

中没有按照本规范第 7.2.1 条的要求约定或约定不明的，若发生发承包双方在合同履行中发生争议由双方协商确定；协商不能达成一致的，按本规范的规定执行。”

发承包双方均未能举证证明《工程预算书》对应的图纸版本，造价鉴定单位也未能给予肯定性的意见，因此，若以核对完的预算造价作为支付工程款的依据有失公平，据实结算对发承包双方当事人而言，也更为合理。

11 总价合同的工程量清单工程量能否调整

双方争议点：

对于总价合同，发包方提供的工程量清单内的工程量在结算时是否可以调整。

基本情况：

某人民医院易地新建项目是该市重点工程，采用工程量清单招标，招标文件规定：投标人应认真复核清单中的工程量，如有问题于7月6日前以书面形式提出，如误差超过总价2%或单项5%，招标人及时复核，并将调整结果通知各投标人，逾期视为认可。施工合同采用《建设工程施工合同（示范文本）》（GF–1999–0201），合同专用条款第3.1.6条关于“合同价款与支付”中规定“本合同价款采用固定单价合同，并根据招标文件以及承包人报价确定”；合同专用条款第3.1.7条关于“竣工验收与结算”中规定：招标人提供的工程量清单内的工程量在结算时不做调整；但施工图纸范围内清单以外的项目按实际发生工程量结算。结算过程中，双方就工程量是否按实结算发生争议，二者价款差异为3 670万元。

【评注】

《建设工程施工合同（示范文本）》（GF–1999–0201）关于工程价款的合同价格形式分为：固定价合同、可调价合同和成本加酬金合同。这种分类没有区分固定价究竟是单价固定还是总价固定，与国际通行做法不同。这是造成本项目双方争议根源之一。住建部先后发布的《建设工程施工合同（示范文本）》（GF–2013–0201）和《建设工程施工合同（示范文本）》（GF–2017–0201）将合同价格形式分为单价合同、总价合同和其他价格形式，与国际通行分类法一致。

承包方意见：

依据是双方签订的施工合同专用条款第 3.1.7 条“竣工验收与结算”规定：“招标人提供的工程量清单内的工程量在结算时不做调整。”但施工图纸范围内清单以外的项目按实际发生工程量结算，因此，承包方认为本工程为总价合同。

虽然实际完成的工程量，与招标工程量清单比较存在较大的差异，但仍然应当以发包方提供的招标工程量清单内记载的工程量进行竣工结算。

【评注】

总价合同是指合同当事人约定以施工图、已标价工程量清单或预算书及有关条件进行合同价格计算、调整和确认的建设工程施工合同，在约定的范围内合同总价不做调整。合同当事人应在专用合同条款中约定总价包含的风险范围和风险费用的计算方法，并约定风险范围以外的合同价格的调整方法。对于总价合同，招标人提供的工程量清单内的工程量在结算时不做调整。

发包方意见：

依据合同专用条款第 3.1.6 条关于“合同价款与支付”中规定：“本合同价款采用固定单价合同，并根据招标文件以及承包人报价确定”，根据单价合同的处理原则，竣工结算应当以实际发生的工程量为准，因此，发包方认为本工程是单价合同，工程量应当按实计算。

即使本工程是总价合同，根据《建设工程工程量清单计价规范》GB 50500—2013 第 8.3.1 条规定：“采用工程量清单方式招标形成的总价合同，其工程量应按照本规范第 8.2 节单价合同的计量的规定计算。”

【评注】

单价合同是指合同当事人约定以工程量清单及其综合单价进行合同价格计算、调整和确认的建设工程施工合同，在约定的范围内合同单价不做调整。合同当事人应在专用合同条款中约定综合单价包含的风险范围和风险费用的计算方法，并约定风险范围以外的合同价格的调整方法。对于单价合同，工程量必须以承包人完成合同工程应予计量的工程量确定，施工中进行工程计量，当发现招标工程量清单中出现缺项、工程量偏差，应按承包方在履行合同义务完成的工程量计算。

调解意见：

招标文件规定：投标人应认真复核清单中的工程量，如有问题于7月6日前以书面形式提出，如有误差超过总价2%或5%，招标人及时复核，并将调整结果通知各投标人，逾期视为认可。一般而言，单价合同项目的工程量在投标阶段无须复核，在总价合同情况下因投标人承担工程量风险，才需投标人复核工程量。结合合同专用条款第3.1.7条，本工程应为总价合同。发包方提供的工程量清单内的工程量在结算时作为最终的工程量，不做调整。施工图纸范围内清单以外的项目结算时按实调整。

【评注】

由于《建设工程施工合同（示范文本）》（GF-1999-0201）与《建设工程工程量清单计价规范》GB 50500—2013 不匹配，必然导致当事人在使用该示范文本时，拟定的条款相互矛盾和冲突。具体而言，专用条款第3.1.6条和第3.1.7条存在一定矛盾和冲突。解决工程量是否按实结算问题，关键在于确定双方签订的合同究竟是单价合同，还是总价合同。解决条款之间的冲突，不仅要将专用条款第3.1.6条和第3.1.7条有机结合起来，同时也要联系合同有关文件，特别是招标文件和投标文件，专用条款第3.1.6条后段也明确说明“并根据招标文件以及承包人报价确定”。

专用条款第3.1.6条关于“本合同价款采用固定单价合同”约定，尽管表述不够严谨，容易引起歧义，但与总价合同的解释也没有本质冲突，因为总价合同也可以固定子项目的单价。

至于发包方引用的《建设工程工程量清单计价规范》GB 50500—2013，尽管是国家标准，但该计价规范颁布于2013年，此时项目已经竣工，根据法不溯及既往原则，该计价规范对本项目纠纷不适用。值得一提的是，计价规范的规定如果与合同约定不一致，应当按合同约定来处理争议，因为合同纠纷适用“当事人意思自治”的原则，合同有明确约定的，应当按约定来处理，合同没有约定或者约定不明的，才可以引用计价规范来处理争议。在确定合同性质的基础上，根据合同约定的风险分担原则，专家们经过调解，最终促使双方达成了调解协议。

12　费率下浮和总价限额的工程总承包项目是否调整限价

双方争议点：

费率下浮和总价限额的工程总承包项目施工过程中规模和标准均为发生变更，在结算过程中是否调整限价引起的争议问题。

基本情况：

某投资公司与某联合体单位订立了管廊建设工程总承包合同，项目估算价为：1亿元，签约合同价为：9 000万元，该工程合同协议书中明确建设内容为：完成全长3.8km市政道路内的管廊建设，包括管廊建设的设计（方案设计、初步设计、施工图设计）以及所有建筑安装工程施工、验收、移交、备案、质保期保修，并负责管理协调各分包单位、供应商的配合工作。

根据合同约定，解释合同文件的优先顺序如下：

（1）合同协议书及附件；

（2）中标通知书；

（3）投标函及其附件；

（4）合同专用条款；

（5）合同通用条款；

（6）招标文件及答疑、询标纪要；

（7）标准、规范及有关技术文件；

（8）施工图设计图纸；

（9）工程报价单或预算书；

（10）相关补充、修改文件。

根据专用合同条款约定，工程费用按中标下浮率（1– 投标人工程费报价 /10 000 万元）下浮，工程量按实调整（施工图范围内）；除实施过程中合同约定以外由业主提出的变更外，结算价不得超过签约合同价，超出部分不予支付。

招标文件发包人要求中的设计任务明确：本次设计在市政道路布置管道廊架，总长3.8km，管道廊架内纳入的管线为给水管线、通信管线、污水压力管线、燃气管线和热力管线。

工程在实际施工过程中，管廊实际施工长度为 3.4km，项目结算过程中发包人要求按 3.4/3.8 的比率调整签约合同价。

【评注】

市政道路实际全长为 3.8km，与合同协议书一致。合同签订后，承包人根据业主方要求进行施工图设计，经过现场踏勘，反复讨论、研究，最终按照业主方确认的起止点确定。工程在施工过程未发生设计变更。

该合同实质为费率下浮和总价限额合同，并约定除业主提出的变更外，结算价不得超过签约合同价。

承包方意见：

1. 合同协议书中明确市政道路全长 3.8km，并非指管廊总长 3.8km。本项目是带设计方案投标的 EPC 项目，承包方投标的设计方案中的管廊长度根据“工程选址红线图”确定，注明约为 3.4km。

2. 承包方施工图经发包方反复确认，形成会议纪要和设计批复，双方对管廊长度均未提出异议，故满足招标文件设计要求。

3. 本工程合同专用条款中对管廊造价的计算也是采用根据施工图按实结算，也就是说并不是按 3.8km 包干。

4. 该项目的工程造价，完全由发包方根据图审图纸及招标文件、施工合同等内容委托第三方进行造价计算，再经发包方审定的预算造价，施工期间双方完全按照该造价申报和支付进度款。

5. 发包方的“内部可行性研究报告”“工程概况”及“设计任务”中提到管廊长度只能作为参考，不能作为工程造价的根据，要求根据《施工合同》专用条款之规定，按照实际施工蓝图结算，在不超过签约合同价的范围按实结算。

【评注】

根据《最高人民法院关于审理建设工程施工合同纠纷案件适用法律问题的解释（一）》（法释〔2020〕25号）第二条规定：“招标人和中标人另行签订的建设工程施工合同约定的工程范围、建设工期、工程质量、工程价款等实质性内容，与中标合同不一致，一方当事人请求按照中标合同确定权利义务的，人民法院应予支持。”

因此，承包人有权不按发包人要求签订与中标合同价款不一致的补充协议。

发包方意见：

该市政道路全长3.8km，工程招标前内部可行性研究报告工程造价均按管廊长3.8km计算。招标文件第五章发包人要求中的设计任务明确：本次设计在市政道路布置管道廊架，总长3.8km。但蓝图管廊长度（实际施工长度）只有3.4km，不符合招标限价文件要求，应该在结算时按比例调整签约合同价，如实际结算量超出调整后的签约合同价，则按调整后的签约合同价进行结算。

【评注】

根据《最高人民法院关于审理建设工程施工合同纠纷案件适用法律问题的解释（一）》（法释〔2020〕25号）第二十二条规定：“当事人签订的建设工程施工合同与招标文件、投标文件、中标通知书载明的工程范围、建设工期、工程质量、工程价款不一致，一方当事人请求将招标文件、投标文件、中标通知书作为结算工程价款的依据的，人民法院应予支持。”

发包人认为签订的施工合同与招标文件载明的工程范围不一致，因此有权将招标文件作为结算工程价款的依据。

调解意见：

1. 根据合同协议书约定，工程内容为在全长3.8km市政道路内的管廊建设，签约合同价为 9 000 万元。

2. 合同中未约定签约合同价的调整方式，双方在工程施工过程中也未做调整。

综上所述，建议签约合同价不做调整，结算按合同专用条款约定执行。

【评注】

根据合同约定，合同协议书的解释顺序为第一顺位。

合同协议书并未约定每公里管廊工程造价指标不得高于某个金额。因此，本合同签约合同价指在全长 3.8km 市政道路内的完成管廊建设所需的工程造价。

合同中也并未约定签约合同价的调整方式，工程在实施过程中并未发生设计变更，实际市政道路长度也为 3.8km。

费率下浮加限价双控的工程总承包项目，经公开招投标确定项目中标人，签订工程总承包合同。项目在实施过程中，除合同有其他约定以外，其限价一般不做调整。

工程变更

13 工程量减少超过 15% 后综合单价如何确定

双方争议点：

工程量减少超过 15% 后综合单价的确定。

基本情况：

签约合同：2019 年 2 月浙江省区域内政府投资建设某景观工程，经公开招标（采用工程量清单招标，最高限价 3 529.37 万元），承包方 A 以 3 096.58 万元、工期 110 天中标。合同条件为固定单价合同，工程量按实结算，固定单价风险执行《建设工程施工合同（示范文本）》（GF–2017–0201）通用条件。

工程变更：施工合同实施过程中，因工程发生新增城市雕塑内容，为控制概算投资额，发包方进行了两项较大变更，一是将硬质铺装花岗岩 6 000m^2 减少为 3 500m^2，二是将水杉 22 000 株减少为 10 000 株。

价格情况一：铺装花岗岩投标单价 280 元 /m^2，其中组价表中花岗岩主材 240 元 /m^2；招标控制价中的综合单价 270 元 /m^2，其中花岗岩主材 180 元 /m^2；据调查市场综合单价约 230 元 /m^2。

价格情况二：水杉，投标单价 85 元 / 株，其中组价表中水杉苗木价格 70 元 / 株；招标控制价中的综合单价 120 元 / 株，水杉苗木价格 105 元 / 株；据调查种植水杉市场综合单价约 105 元 / 株。

价格情况三：合同工期内政府主管部门信息价波动在 3% 以内。

工程竣工后，竣工结算阶段，就减少工程量后花岗岩和水杉结算价格，双方发生合同争议并诉诸调解。

【评注】

本项目为典型的不平衡报价带来的价格纠纷。当投标出现不平衡报价时，因投标单价较大偏离市场价，大幅减少招标清单工程量就会打破签约合同总价的平衡，对发承包方造成相反的影响，极易发生合同争议。

承包方意见：

此两项工程变更涉及合同价格权重较高，在相应投标综合单价中考虑了较大的管理、利润和风险因素，已进行相应的计划和准备工作，工程变更使工程量大幅减少，对承包方造成较大损失，要求按市场价重新核定综合单价，并应补偿花岗岩利润损失。

花岗岩项目：3 500 × 230= 805 000（元）

花岗岩利润损失：2 500 × （280–230）=125 000（元）

水杉项目：10 000 × 105=1 050 000（元）

两项合计：1 980 000（元）

【评注】

针对签约合同工程量大幅调整，合同条件和国家现行计价规范支持重新核定综合单价，承包人会积极争取合同既得利益、规避合同价格风险。

发包方意见：

此两项工程变更整体降低了承包方的合同价格风险，变更后的新增工程量价格已按合同约定组价原则计价，使承包方减少了损失，根据总价中标原则，减少工程量应按市场价扣除。

花岗岩项目：6 000 × 280–2 500 × 230=1 105 000（元）

水杉项目：22 000 × 80–12 000 × 110=440 000（元）

两项合计：1 545 000（元）

【评注】

发包方认为，招标生成的合同单价风险由承包方承担，针对正常中标价格，承包方有低价之处必有高价之处，当工程量发生大幅减少时，应按正常价格扣回，这样才能维持合同价格体系的平衡。

调解意见：

合同背景数据显示，合同工期内市场价格波动因素可以忽略，两项投标报价与招标控制价和当地市场价偏离较大，可以认为综合单价异常，花岗岩项目偏高，水杉项目偏低，确定变更价格应遵循签约合同条件、国家现行计价规范、区域计价规则。

根据《建设工程施工合同（示范文本）》（GF-2017-0201）合同第10.4.1条变更估价原则：“（3）变更导致实际完成的变更工程量与已标价工程量清单或预算书中列明的该项目工程量的变化幅度超过15%的，或已标价工程量清单或预算书中无相同项目及类似项目单价的，按照合理的成本与利润构成的原则，由合同当事人按照第4.4款〔商定或确定〕确定变更工作的单价。”

合同争议的两项变更工程量变化幅度均超过15%，应重新确定综合单价：

（1）花岗岩项目：

按重新组价原则得出新综合单价236.89元/m^2，与市场调研价格基本相符。

根据《浙江省建设工程计价规则》（2018版）第八章第8.3.5条在工程竣工结算阶段，如发现综合单价异常，则工程量增、减在本项工程量15%以内的，均按原综合单价执行；工程量减少15%以上部分工程量，按第8.3.4条第3款重新确定综合单价，计算合价后，从该项目合价中扣除。

结算价格应为：

$$6\,000\times85\%\times280-(6\,000\times85\%-3\,500)\times236.89=1\,048\,976\text{（元）}$$

（2）水杉项目：

按重新组价原则得出新综合单价105.28元/株，与市场调研价格基本相符。

根据《浙江省建设工程计价规则》（2018版）第八章第8.3.5条规定，结算价格应为：

22 000×85%×85-（22 000×85%-10 000）×105.28=673 564（元）

两项合计：1 722 540（元）。

调解被本工程施工合同当事人共同接受。

【评注】

《建设工程造价鉴定规范》GB/T 51262—2017 第 5.6.1 条规定：鉴定项目一方当事人以工程变更导致工程量变化为由，要求调整综合单价发生争议的，鉴定人应按以下规定进行鉴定：（1）合同中约定了调整内容的，应按合同约定进行鉴定；（2）合同中没有约定或约定不明的，应提请委托人决定并按其决定进行鉴定，委托人不决定的，按现行国家计价规范的相关规定进行鉴定。

合同未清晰“合理的成本与利润”计算，则采用工程所在地主管部门规定。

《浙江省建设工程计价规则》（2018 版）第八章合同价款与工程结算规定：第 8.3.4 条第 3 款“已标价工程量清单中没有适用的综合单价，本章中列出三种确定综合单价的方法。即（1）按现行计价依据结合投标时中标价与招标控制价浮动率确定清单项目综合单价；（2）根据投标报价资料中既有的人工、材料、机械价格及消耗量、费率等，确定成本，再增加适当利润原则确定综合单价；（3）直接通过市场调查确定综合单价。”

以签约合同、鉴定规范、属地计价规则为刚性依据，应用工程招标成果，兼顾市场价格实际，形成了本项目的调解思路。

14 实际桩长与设计桩长严重不符时如何调整价格

双方争议点：

实际桩长与设计桩长不符时，工程量和综合单价如何调整。

基本情况：

某学校新建项目，于2017年3月采用《建设工程工程量清单计价规范》GB 50500—2013工程量清单招标。施工合同采用固定单价合同，施工合同第10.4.1条变更计价原则约定："1. 已标价工程量清单中有适用于变更项目的单价时，其单价采用原单价；2. 已标价工程量清单无适用变更的子目，但有类似子目的，可在合适范围内参照类似子目的单价；3. 已标价工程量清单中无适用或类似子目的单价，可参照现行的消耗量标准、市场价格、相应费用确定价格后，按照中标价与招标控制价的下浮比率相应下浮。"

招标工程量清单中"灌注桩"的项目特征中单桩桩长为10m，清单工程量为3 000m。因施工现场实际地质情况与暂定工程桩持力层存在一定起伏，实际打桩记录中单桩桩长9 ~ 15m，总桩长为3 600m。本工程"灌注桩"项目价款结算时，双方就该桩的综合单价如何调整产生争议。

【评注】

施工合同明确了采用固定单价合同，也明确了变更计价原则，变更计价原则与《建设工程工程量清单计价规范》GB 50500—2013基本一致，争议的产生主要是由于双方对合同约定原则与《建设工程工程量清单计价规范》GB 50500—2013的规定理解不一致导致的。

承包方意见：

因地质勘察报告与实际情况不一致，导致实际打桩记录桩长与招标工程量清单项目特征不一致，且桩长变更超过投标工程量 15%，根据《建设工程工程量清单计价规范》GB 50500—2013 的规定，超过部分应当按合同变更计价原则第 10.4.1 条第 3 款重新组价。

【评注】

《建设工程工程量清单计价规范》GB 50500—2013 第 9.6.2 条规定工程量偏差：对于任一招标工程量清单项目，如果因本条规定的工程量偏差和第 9.3 节规定的工程变更等原因导致工程量偏差超过 15%，调整的原则为：当工程量增加 15% 以上时，其增加部分的工程量的综合单价应予调低；当工程量减少 15% 以上时，减少后剩余部分的工程量的综合单价应予调高。

《杭州市建设工程工程量清单计价实施细则》（2018 年修订）第四十八条规定："发包人提供的招标工程量清单中数量有误，或非承包人原因的工程变更引起已标价工程量清单项目工程数量的增减，该项工程量变化在合同约定风险幅度以内的，应执行合同原有的综合单价；该项工程量变化在合同约定风险幅度以外的，其综合单价应予以调整。"

发包方意见：

实际桩长按打桩记录按实结算，打桩工程清单均有投标价可参考，单价有投标价参投标价，或有类似单价参投标类似单价，不存在重新组价，即参照合同变更计价原则第 1 款或第 2 款执行。

【评注】

固定单价合同的核心就是投标单价固定，除非合同另有约定，不允许随意调整。对照本合同约定，未约定工程量清单调整超过幅度可调整投标单价，且合同约定的变更计价原则中也约定有投标价优先原则。故本桩长的调整仅打桩工程量进行调整，投标单价均可参照，不需要重新组价。

调解意见：

打桩工程招标工程量清单中的描述的有效桩长一般为设计暂定值，工程结算应根据打桩记录进行结算，单价按合同约定，有投标价参投标价。本合同未约定清单工程量调整超过幅度是否可以调整投标综合单价，且除桩长外的项目特征未发生变化故不支持重新组价。

【评注】

正确理解与把握合同约定与清单计价规范的应用。《建设工程工程量清单计价规范》GB 50500—2013 第 1.0.1 条："为规范建设工程施工发承包计价行为，统一建设工程工程量清单的编制和计价方法，……制定本规范。"第 1.0.2 条："本规范适用于建设工程施工发承包计价活动。"即计价规范的作用为规范、指导。而合同为合同双方根据相关法律、法规或规范（如上述清单计价规范）签订的双方真实意思表达，对双方均有效力，且是双方履行的标准。

《杭州市建设工程工程量清单计价实施细则》（2018 年修订）第四十四条规定："实行工程量清单计价的工程采用单价合同的，合同价款中清单项目综合单价所包含的风险内容、风险范围以及风险以外费用的计算方法，发承包双方必须在签订的合同专用条款中明确约定。在约定的风险内容范围内，综合单价不再调整；在约定的风险内容范围以外，应当按合同专用条款约定方法进行调整。"第四十六条规定："采用工程量清单计价的工程，应在招标文件或合同中明确风险内容及其范围（幅度），不得采用无限风险、所有风险或类似语句规定风险内容及其范围（幅度）。"建议双方在招标文件及合同签订时本着公平原则，严格执行《建设工程工程量清单计价规范》GB 50500—2013，合理约定双方风险。

15　设备品牌变更时如何调整价差

双方争议点：

配电箱元器件品牌更换如何计补差价。

基本情况：

本工程于 2014 年 1 月签订施工合同，施工范围包括基坑围护及桩基、地下室工程、主体工程、电气、消防、给排水、空调通风等工程。配电箱的元器件招标文件中明确要求按“A”品牌进行组价，招标控制价的编制中配电箱设备总价为 180.6 万元，而承包方投标时配电箱设备总价为 9.98 万元；工程实施过程中根据设计要求配电箱元器件需采用“B”品牌，经发包方和招标代理公司询价，按“B”元器件品牌配电箱设备总价为 302.2 万元。施工合同相关条款约定“材料变更时价格确定方法：变更的新材料价格明细表没有的，有信息价按信息价，无价材料按双方签证价格为准，变更的新材料结算按投标报价口径下浮，下浮率 = 材料投标价 / 基准期材料信息价（造价信息正刊）。”配电箱品牌变更会议纪要“由于‘A’难以满足项目实际使用要求，会议同意更换成‘B’，现发包方代表已与招标代理公司进行了市场调查，编制了询价报告，价格按实签证”。配电箱价格如何结算产生争议。

【评注】

根据合同相关条款，配电箱是否就按双方签证价结算？还是签证价执行投标报价口径下浮？因配电箱设备是无价材料，无信息价，合同约定计算下浮比例的公式是否适合配电箱成了争议点。

承包方意见：

按发包方和招标代理公司的询价结果和原投标价补差进行结算，即 302.2−9.98=292.22（万元）。

【评注】

根据合同，材料变更时无价材料按双方签证价格为准，实施过程中发包方和招标代理公司已有询价报告，不适用合同约定的投标口径下浮方式结算。且根据“配电箱品牌变更会议纪要”，价格按实签证。故应按询价结果和原投标价补差结算。

发包方意见：

按配电箱投标总价与配电箱控制总价的优惠幅度进行同比优惠品牌变更后的价格再进行补差结算，即 9.98/180.6 × 302.2−9.98=16.7−9.98=6.72（万元）。

【评注】

根据合同相关条款“材料变更时价格确定方法：变更的新材料价格明细表没有的，有信息价按信息价，无价材料按双方签证价格为准，变更的新材料结算按投标报价口径下浮，下浮率 = 材料投标价 / 基准期材料信息价（造价信息正刊）。”

虽然说配电箱是无价材料，按双方签证价格为准，但合同明确变更的新材料结算按投标报价口径下浮，下浮幅度可按配电箱投标总价与控制价优惠幅度确定。

调解意见：

经询征招标代理公司，原招标阶段按“A”品牌组价的设备控制价 180.6 万元符合市场价，项目实施采用“B”品牌经市场询价为 302.2 万元，且第三方审核单位对以上两个品牌市场价进行复核，结论是：基本符合市场行情。

以此为基础，双方达成调解协议，同意按两个品牌的市场价差进行补差，即 302.2−180.6=121.6（万元）。

【评注】

《建设工程工程量清单计价规范》GB 50500—2013 第 4.1.2 条规定："招标工程量清单必须作为招标文件的组成部分，其准确性和完整性应由招标人负责。"第 6.2.2 条规定："综合单价中应包括招标文件中划分的应由投标人承担的风险范围及其费用。"故根据 GB 50500—2013 明确，招标人对工程量负责，投标人对报价负责。

GB 50500—2013 第 9.3.1 条规定："已标价工程量清单中没有适用但有类似变更工程项目的，可在合理范围内参照类似项目的单价。"

《浙江省建设工程计价规则》（2010 版）第 7.0.5 条规定："合同中有类似工程项目单价的，参照合同中类似的单价计算确定：1. 某种材料（或半成品及成品）等级、标准变化的，清单组合子目不变，仅调整不同的材料价格。"

根据以上分析，GB 50500—2013 条文没有明确具体"类似项目"如何补差，只明确可在合同范围内参照类似项目的单价《浙江省建设工程计价规则》（2010 版）条款明确类似项目中若只是某种材料等级、标准变化的，仅调整不同的材料价格。

合同约定不明或有歧义的可引用相关计价规范和计价规则来处理争议。对于不平衡报价，对投标时不管是报高价或低价的，按变更前后二者材料的市场价之差结算是相对合理的，也符合《计价规范》及计价规则相关条款要求。专家们经过调解，最终促使双方达成了调解协议。

16 设备参数变更后如何调整设备单价

双方争议点：

安装工程中设备参数变更后设备单价如何定价，是采用合同单价，还是重新组价。

基本情况：

某城市轨道交通控制中心项目安装工程，采用工程量清单招标，固定综合单价，2014 年 2 月竣工验收。结算过程中，双方就设备参数变更后设备单价如何定价发生争议，是采用合同单价，还是重新组价。二者定价方式结算价款差异约 960 万元。

如风机盘管，项目特征关于参数描述为送风量 1 265m^3/h，电机功率 204W，电力供应 220V/50Hz，制冷量 6.95kW，供回水温度 60 ～ 45℃。而实际承包方采购时使用的风机盘管制冷量为 7.1kW，承包方以清单漏项为由申请重新组价。（以下简称签证 1）

后期深化设计并安装风机盘管时，发现房间面积较大，需使用参数高一档风机盘管，而实际承包方采购时使用的风机制冷量为 8kW，承包方以变更为由申请重新组价。（以下简称签证 2）

注明：此项目承包方在投标报价时风机盘管存在严重脱离市场价报价情况，7.1kW 制冷量风机盘管高档品牌（招标时已约定高档次品牌）价格约 6 500 元 / 套，承包方投标价约 3 300 元 / 套。

【评注】

安装工程参数改变情况在实际工程中较为常见，安装工程中设备较多，设备清单项目特征又存在详细参数描述，而厂家按已有生产线生产设备就会导致设计参数与清单参数不一致，另外招标方使用要求提高，也会改变设备参数。若投标时承包方报价较低，承包方常常会提出重新组价。

承包方意见：

依据合同文件变更范围条款第 12.1.1 条对工程项目任何部分的结构形式、尺寸、质量、等级、数量等做出的修改和补充均属工程变更。此变更成立。

依据合同文件变更的估价原则条款第 12.3.3 条已标价工程量清单中无适用或类似子目的单价时，设备价格无信息价的，应按市场调研价计入。因此，应把合同清单项作废，按市场价调研后重新组价计入结算。

【评注】

合同当事人应在专用合同条款中约定设备参数如何变更才能视为变更，和变更的计算方法。对于固定单价合同，由于签证 1 导致的变更，在结算时不做调整。由于签证 2 导致的变更，应按合同口径给予计算。有合同单价的设备采用合同单价，无合同单价设备的重新组价。

发包方意见：

依据合同文件第 12.1.1 条，虽然变更成立，但不产生费用。因为招标文件的技术标准第 6.7 条对设计优化的规定明确，在保证投标总价不变的情况下，发包方保留对所购设备数量、规格、型号、种类变动的权利。投标人中标后，非质量等方面的特殊原因，投标人不得随意更换供货厂家，特殊情况更换供货厂家需经发包方同意，但产品质量和品牌信誉不得低于原产品，不做价格调整。

【评注】

发包方认为虽然工程量清单及项目特征的参数由发包方提供，但对于厂家的设备参数难免存在不一致现象，这属于非发包方原因，依据招标文件约定，应不做价格调整。

调解意见：

对于由使用功能导致的参数变化（如签证 2），应按合同单价或重新组价计入，对于厂家设备参数与项目特征参数略微偏差（签证 1），应按合同单价计入。以此为基础，双方达成调解协议。

【评注】

对于安装工程中的设备参数，随着产品的换代、需求的不同、厂家的不同、设计深度等原因，导致参数变更。

对于此类问题的固定单价是否需调整，应在专用条款中明确，以免后期带来争议。如签证 1，只是因为项目特征参数和厂家产品参数略微偏差，应能够采用满足设计参数最接近的设备产品，因设计图纸标注的参数是满足使用功能的基本参数，不能精确到厂家产品的参数。而作为有经验的承包方，应承担此部分风险，结算时应按合同单价执行。签证 2，由于发包方使用功能不同的变更，变更后的参数，有对应合同单价的应按合同单价执行，没有的应重新组价。

工程索赔

17　分包单位引起质量问题如何索赔

双方争议点：

发包方指定分包单位在施工过程中因质量问题引起的索赔处理。

基本情况：

2013 年 12 月，某房地产有限公司与某建筑公司订立了建设工程施工合同，合同价款为 2.45 亿元，该合同中第二条的工程承包范围明确施工图范围内所有桩基、主体、玻璃幕墙、装修、水电安装及场外附属工程等内容；专用条款中明确，本工程发包方同意承包方分包的工程为桩基、玻璃幕墙，工程保修期为 2 年。2014 年 3 月，发包方指定具有玻璃幕墙施工资质的某幕墙工程有限公司（分包单位）承接本工程的玻璃幕墙施工，并与其签订了玻璃幕墙施工协议（分包合同价款约 4 880 万元）。

2014 年 12 月 8 日本工程通过竣工验收交付使用。在保修期期间 2015 年 5 月发现部分玻璃幕墙出现质量问题，经质量鉴定单位进行了该部分玻璃幕墙质量鉴定，明确质量不合格；修复费用约 200 万元。2015 年 8 月，经第三方中介机构审核，发包方发函要求总、分包单位支付修复费用及赔偿经济损失共计 280 万元。

【评注】

《房屋建筑和市政基础设施工程施工分包管理办法》第六条规定：“禁止非法干

预分包，建设单位不得直接指定分包工程承包人。任何单位和个人不得对依法实施的分包活动进行干预”。

根据《工程建设项目施工招标投标办法》第六十六条规定：“招标人不得直接指定分包人。”

根据《建设工程工程量清单计价规范》GB 50500—2013 规定，指定分包工程在合同中属于暂估价。《建设工程工程量清单计价规范》GB 50500—2013 第 9.9.4 条规定：“发包人在招标工程量清单中给定暂估价的专业工程，依法必须招标的，应当由发承包双方依法组织招标选择专业分包人，并接受有管辖权的建设工程招标投标管理机构的监督，还应符合下列要求：（1）除合同另有约定外，承包人不参加投标的专业工程发包招标，应由承包人作为招标人，但拟定的招标文件、评标工作、评标结果应报送发包人批准。与组织招标工作有关的费用应当被认为已经包括在承包人的签约合同价（投标总报价）中。（2）承包人参加投标的专业工程发包招标，应由发包人作为招标人，与组织招标工作有关的费用由发包人承担。同等条件下，应优先选择承包人中标。”

根据《中华人民共和国建筑法》第二十九条第二款规定：“建筑工程总承包单位按照总承包合同的约定对建设单位负责；分包单位按照分包合同的约定对总承包单位负责。总承包单位和分包单位就分包工程对建设单位承担连带责任。”

根据《浙江省建筑业管理条例》第二十六条规定：“实行建设工程质量保修制度。通过竣工验收的建设工程，由施工承包商开具工程保修书。在保修期内，因勘察、设计、施工以及材料、设备原因造成的质量缺陷，施工承包商负责维修，维修费用由责任方承担。”

一般情况下，对于指定分包所有内容的确定，决定权都在发包方手中，包括施工范围、计价方式、工程款的支付、工程的结算等，都由发包方与指定分包单位确定，承包方只能在指定分包施工过程中协助指定分包完成施工，收取一定比例的总包服务费。

本项目造成玻璃幕墙质量的根本原因是分包单位的技术能力及质量控制方面出现问题，其施工行为与玻璃幕墙质量问题之间存在明显的因果关系。但总包单位在施工合同中的施工范围包含门窗玻璃幕墙工程，且对发包方直接指定分包单位的行为并未提出异议，施工单位对玻璃幕墙工程的质量问题可能承担相应连带责任。

承包方意见：

按照国家有关规定："发包方不得直接指定分包工程承包人。"某玻璃幕墙有限公司是发包方指定分包商，发包方应当承担过错责任。承包方与分包单位之间并未签订合同，但已尽管理义务。修复费用及经济损失承包方不予承担。

【评注】

《房屋建筑和市政基础设施工程施工分包管理办法》第六条规定："禁止非法干预分包，建设单位不得直接指定分包工程承包人。任何单位和个人不得对依法实施的分包活动进行干预。"

《工程建设项目施工招标投标办法》第六十六条规定："招标人不得直接指定分包人。"

《最高人民法院关于审理建设工程施工合同纠纷案件适用法律问题的解释》（法释〔2004〕14 号）第十二条规定："发包人具有下列情形之一，造成建设工程质量缺陷，应当承担过错责任：（三）直接指定分包人分包专业工程。"

发包方意见：

根据国家有关法律法规规定，承包方和分包单位就分包工程对发包方承担连带责任。承包方和分包单位就部分玻璃幕墙工程质量问题应对发包方承担连带责任。

【评注】

根据《中华人民共和国合同法》第二百八十一条的规定："因施工人的原因致使建设工程质量不符合约定的，发包人有权要求施工人在合理期限内无偿修理或者返工、改建。经过修理或者返工、改建后，造成逾期交付的，施工人应当承担违约责任。”

根据《中华人民共和国合同法》第二百八十二条的规定：“因承包人的原因致使建设工程在合理使用期限内造成人身和财产损害的，承包人应当承担损害赔偿责任。”

根据《中华人民共和国建筑法》第二十九条第二款的规定：“建筑工程总承包单位按照总承包合同的约定对建设单位负责；分包单位按照分包合同的约定对总承包单位负责。总承包单位和分包单位就分包工程对建设单位承担连带责任。施工单位和分包单位就部分玻璃幕墙工程质量问题应对业主承担连带责任。根据该规定，当指定分包单位造成建设工程质量缺陷时，施工单位承担相应的过错责任，而施工单位对于指定分包单位具有管理义务，应承担质量责任。”

根据《最高人民法院关于审理建设工程施工合同纠纷案件适用法律问题的解释》（法释〔2004〕14号）第十二条第二款的规定：“承包人有过错的，也应当承担相应的过错责任。”

调解意见：

承包方与分包单位之间并未签订合同，但是因总包合同中的施工范围包含门窗玻璃幕墙工程，承包方作为总承包人，对发包方直接指定分包人的行为并未提出异议，且在履行合同义务时，已认可了玻璃幕墙单位的实际施工行为，故可以认定承包方与分包单位建立了事实上的玻璃幕墙分包合同关系，承包方对玻璃幕墙工程的质量问题也应承担相应责任。费用分担比例由承包方与分包单位之间协商确定。

【评注】

根据《中华人民共和国建筑法》第二十九条第二款的规定：“施工单位和分包单位就部分玻璃幕墙工程质量问题应对建设单位承担连带责任。”根据该法条，当指定分包单位造成建设工程质量缺陷时，承包方承担相应的过错责任，而承包方对于指定分包单位具有管理义务，所以很可能承担质量责任。

《最高人民法院关于审理建设工程施工合同纠纷案件适用法律问题的解释》（法释〔2004〕14号）第十二条第二款规定："承包人有过错的，也应当承担相应的过错责任。"

根据《浙江省建筑业管理条例》第二十六条的规定："实行建设工程质量保修制度。通过竣工验收的建设工程，由施工承包商开具工程保修书。在保修期内，因勘察、设计、施工以及材料、设备原因造成的质量缺陷，施工承包商负责维修，维修费用由责任方承担。"

我国现有的指定分包模式，承包方处于一个不利的地位：即承包方无法确定指定分包的内容，但是从法律层面，指定分包又属于承包方的分包，处于其管控范围内，因此，造成施工单位的权利义务不对等。这种不对等主要体现于承包方收取的总包管理费很少，但是承担着巨大的工作内容和风险，工作内容包括为指定分包单位提供施工界面、提供施工条件、管控指定施工工程的质量、对指定分包工程进行验收等，承担的风险包括支付责任风险、进度质量风险、安全责任风险等。

根据司法解释，对于发包方指定分包的工程，承包方承担过错责任，所以对于指定分包的质量问题，承包方应在过程中予以重视，若发现指定分包工程质量存在问题，应分别向指定分包单位和发包方发出书面意见，避免因指定分包工程质量问题承担责任。

承包方对于指定分包单位，要与自有单位一样，加强管理，不能放任不管，只收取总包管理费。

对于发包方已经单独发包的工程，承包方应拒绝将其纳入总包合同内，以避免对单独发包的工程承担质量责任。

总承包服务费

18　发包方指定分包工程能否计取总承包服务费

双方争议点：

总承包服务费的计取。

基本情况：

某工程签订了施工总承包合同，合同中未有条文约定总承包服务费用的计取方法的条款。在建设施工过程中，发包方将二次装修、幕墙等专业工程另行分包，并且将此工程的费用从总承包合同中扣除，而专业分包单位在施工过程中使用了承包方的施工电梯、脚手架、施工用水用电等，因此，承包方向发包方提出收取总承包服务费用。

【评注】

施工总承包服务费是指施工总承包人为配合、协调发包进行的专业工程发包，对发包人自行采购的材料、工程设备等进行保管以及施工现场管理、竣工资料汇总整理等服务所需的费用，包括发包人发包专业工程管理费和发包人提供材料及工程设备保管费。

承包方意见：

实际施工现场专业分包单位采用了承包方的施工条件进行专业施工，承包方在现场管理协调方面上积极配合，造成的交叉施工，人工机械降效，影响承包方的施工进度而增加的费用。

【评注】

根据《建设工程工程量清单计价规范》GB 50500—2013 第 10.3.1 条的规定："发包人应在工程开工后的 28 天内向承包人预付总承包服务费的 20%，分包进场后，其余部分与进度款同期支付。"

发包方意见：

合同中无总承包服务费计取方法约定，且总承包单位应直接向分包单位收取。

【评注】

发包方应在招标文件明确规范招标范围，且签订总承包合同施工后，不得将约定好的承包范围剥离。专业工程由承包方自行分包的情况下由承包方与分包单位自行协商解决才是合理的。

调解意见：

二次装修、幕墙等专业工程在承包方的承包范围内，发包方不应将该专业工程另行发包，根据专业发包工程费中发包方对其发包工程中的相关专业工程进行单独发包，承包方可向发包方计取专业发包工程管理费。经协调，双方达成协议，本工程发包方同意按承包方对分包专业工程的总承包服务费用另行计算。

【评注】

根据《建设工程工程量清单计价规范》GB 50500—2013 第 10.3.2 条的规定："发包人未给合同约定向承包人支付总承包服务费，承包人可不履行总包服务义务，由此造成的损失（如有）由发包人承担。"并根据《浙江省建设工程计价依据》

（2018 版）的规定，施工总承包服务费计算标准："1. 发包人仅对要求施工总承包人对其单独发包的专业工程提供现场堆放场地、现场供水供电管线（水电费用可另行按实计收）、施工现场管理、竣工资料汇总整理等服务而进行的施工总承包管理和协调时，施工总承包人可按专业发包工程金额的 1% ~ 2% 向发包人计取专业发包工程管理费。2. 发包人仅对要求施工总承包人对其单独发包的专业工程进行施工总承包管理和协调，并同时要求提供垂直运输等配合服务时，施工总承包人可按专业发包工程金额的 2% ~ 4% 向发包人计取专业发包工程管理费。"

第 二 篇

司 法 案 例

合同类型

19　固定价格合同单方违约如何确定造价

双方争议点：

发包方违约单方解除固定价格施工合同后，结算口径如何确定。

基本情况：

发承包双方签订施工合同，约定由承包方承建某商业广场工程，建筑结构为独立基础、框架结构，层数为1层、局部2层和3层，建筑面积36 745m²，最终以双方审定的图纸设计面积为准；固定单价1 860元/m²，合同承包范围包括地下部分、结构施工和安装装修在内的建筑安装工程全部，其一次性包干的承包单价是针对整个工程作出，合同总价款为6 800万余元，合同约定计划开工日期为2011年5月8日，计划竣工日期为2012年6月30日。《开工报告》载明开工日期为2011年5月15日，竣工日期为2012年12月1日。在工程施工期间，双方当事人与有关单位于2011年6月29日完成图纸会审，施工内容得以具体明确，施工期间存在部分工程的设计变更。2011年11月23日，工程基础验收合格，2012年6月13日主体验收合格。

2012年6月25日，发包方发出通知以承包方拖延工程进度、不按图施工等理由单方解除合同，并要求承包方接到通知的一日内撤场。发包方单方解除合同后，承包方撤场。后双方因为结算问题发生争议，承包方将发包方诉至法院，诉请发包方支付工程欠款2 243.9万元及违约金，发包方反诉要求承包方退还其超付工程款106.5万元、赔偿质量不合格等损失492.6万元。

【评注】

本案存在发包方单方违约解除合同的事实，发包方在主体验收合格后，距《开工报告》确定的竣工日期2012年12月1日尚有3个多月时，以承包方严重违约为由通知解除合同，但承包方此时已完成基础和主体工程的施工，并不存在工程延误及工程质量问题等违约情形。故承包方不构成违约，发包方在事先未同承包方协商的情况下，单方解除了合同，既不适用于协议解除合同的相关规定，也不具备约定解除权的行使要件，也不具备法定解除的事由，发包方单方解除合同的行为构成违约。

承包方意见：

承包方完成基础、主体施工后，发包方单方解除合同，致使合同约定工程未能全部完工，合同约定的固定单价无法适用。承包方认为当合同价格或计价方法约定不明时，建设领域政府主管部门发布的定额价属于政府指导价，可以作为计价方法使用。

【评注】

本案施工合同被单方违约中途解除，承包方认为发包方存在严重违约情形，故导致原合同约定的按建筑平方米固定单价计价方式失去计价的前提，也违反了对整个工程综合平衡报价的原则。

发包方意见：

在合同解除后，由于案涉工程为未完工程，无法直接以固定价计算工程价款。以合同约定总价与全部已完工程预算价的比值作为下浮比例，再以该比例乘以已完工程预算价格方式计算工程价款，符合合同双方的约定，也符合司法解释的规定，有事实与法律依据。

【评注】

本案中发包方单方违约解除合同时承包方已全部完工，上述计算方式忽略了当事人双方利益平衡及司法判决价值取向，虽然表面上看形式上是不失为公平的，但这不是双方合同约定的方法，因为合同并未约定在一方违约解除合同时如何计价；折价计价方式也脱离了本案违约解除合同的前提条件，也不是双方当事人的真实意思表示，对承包方不公平。

一审法院观点：

案涉合同是双方当事人真实意思表示，未违反法律法规的强制性规定，合法有效。因此，双方当事人对工程价款的计价方式明确约定的情况下，对于承包方已完工程价款的计算，应以合同中约定的工程价款的计价条款为依据，以合同约定的总价与全部工程总价比值作为下浮比例，再以该比例乘以已完工程预算价格方式计算工程价款。

【评注】

《中华人民共和国合同法》第九十八条规定："合同的权利义务终止，不影响合同中结算和清理条款的效力。"《最高人民法院关于审理建设工程施工合同纠纷案件适用法律问题的解释》第十六条规定："当事人对建设工程的计价标准或者计价方法有约定的，按照约定结算工程价款。"上述规定认为，若施工合同中途解除，应当按照合同约定的计价方法支付相应的工程价款。

《建设工程造价鉴定规范》GB/T 51262—2017 第 5.10.6 条规定："单价合同解除后的争议，按以下规定进行鉴定，供委托人判断使用：3. 委托人认定发包人违约导致合同解除的，单价项目按已完工程量乘以约定的单价计算，其中剩余工程量超过 15% 的单价项目可适当增加企业管理费计算。总价措施项目已全部实施的，全额计算；未实施完的，按与单价项目的关联度比例计算。未完工程量与约定的单价计算后按工程所在地统计部门发布的建筑企业统计年报的利润率计算利润。"该规范对发包人违约导致合同解除后的计价方式，也是基于约定的单价进行计算。

一审法院认为“应以合同中约定的工程价款的计价条款为依据”也持以上观点，故支持了以合同约定总价与全部工程预算总价比值作为下浮比例，再以该比例乘以已完工程预算价格进行计价的方式，虽然以此试图还原合同约定价，但却忽略了当事人双方利益平衡及司法判决价值取向。本案双方在施工合同中确定的包干价，贯穿了工程地下部分、结构施工、安装装修三个阶段，遵循三个形象进度的综合平衡的报价原则，如果承包方单独承包土建工程，其报价一般要高于整体报价中包含的土建报价。而本案中发包方解除合同行为破坏了双方交易背景，案涉工程在承包方完成基础、主体工程后，因发包方单方解除合同，事实上未能全部完工，按照合同约定的固定单价根本无法直接算出已完工程的价款，此时如再还原合同约定的固定单价，既脱离实际情况，违背交易习惯，又会产生对守约一方明显不公的后果。

二审法院观点：

支持根据实际完成的工程量，以建设行政管理部门颁发的定额计价规则核定工程价款为依据进行结算。

【评注】

发包方单方违约提前解除固定单价施工合同时，工程款结算口径如何确定是实践中的难点。而对于本案的特殊情况，约定了固定价款的建设工程施工合同，因一方违约未能如约履行，致使合同解除的，在确定争议合同的工程价款时则不能简单依据原合同单价计算，而应当综合考虑案件实际履行情况，并特别注重双方当事人的过错和司法判决的价值取向等因素来确定。

根据《中华人民共和国合同法》第六十二条第二款的规定：“当事人就有关合同内容约定不明确，依照本法第六十一条的规定仍不能确定的，适用下列规定：（二）价款或者报酬不明确的，按照订立合同时履行地的市场价格履行；依法应当执行政府定价或者政府指导价的，按照规定履行”及原《中华人民共和国民法通则》第八十八条的规定：“合同的当事人应当按照合同的约定，全部履行自己的义务。合同中有关质量、期限、地点或者价款约定不明确，按照合同有关条款内容不能确定，当事人又不能通过协商达成协议的，适用下列规定：4. 价格约定不明确，按照国家规定的价格履行；没有国家规定价格的，参照市场价格或者同类物品的价格或者同类劳务的报酬标准履行。”的规定，当合同价格或计价方法约定不明时，建设领域政府主管部门发布的定额价属于政府指导价，可以作为计价方法使用。

本案二审法院通过计算和比较，认为根据实际完成工程量，以建设行政管理部门颁发的定额计价规则核定工程价款为依据计算，既不明显低于合同约定总价，也不过分高于合同约定总价，与当事人预期的价款较为接近，故最终按照该种计价方式做出判决。

20　工程造价司法鉴定方成被告后的维权

一、原生案：施工合同争议案

双方争议点：

施工合同发生履约争议后，如何结算合同价款。

基本情况：

2011 年 8 月，某餐饮娱乐管理有限公司与某装饰工程有限公司签订某装饰装修工程施工合同，签约合同价 759 万元，采用固定总价包干，对合同变更部分采用可调价格，合同履约支付已至签约合同价的 85%。

2012 年 9 月，发承包双方因发生合同争议，承包方向工程所在地辖区 A 法院起诉，要求发包方支付合同余款、新增工程款等各项费用共计 4 233 319 元。诉讼期间发包方提出反诉，反诉承包方未按合同要求施工，存在偷工减料、擅自减少工程量、工程逾期完工等情况，要求承包方支付违约金 100 万元。

2014 年 1 月，根据发承包方申请，A 法院委托司法鉴定资质名录内造价咨询企业作为本案鉴定方进行造价鉴定。鉴定方根据 A 法院提供证据和具体要求，经现场踏勘调查、丈量核算、2014 年 3 月出具鉴定初稿、征求发承包方意见、对发承包方提出的异议进行逐一回复等造价司法鉴定流程，2014 年 10 月出具正式司法鉴定报告，其鉴定意见由两部分组成。

第一部分为确定性鉴定意见：

A 法院明确要求鉴定的合同内变更、合同外施工措施费、合同外附属工程共增加 190 932 元，均属于承包方增项清单内容。

第二部分为选择性鉴定意见：

1. 根据承包方提供的增项清单，按调查时点现场情况结合签约施工图核对后增项清单造价为 207 554 元；承包方提出的增项清单中无联系单鉴证及现场勘查也无法认定内容，未计入鉴定造价。

2. 根据发包方提供的减项清单，按调查时点现场情况结合签约施工图核对后减项清单造价为 1 087 963 元，增项清单造价为 131 852 元，净减造价为 956 111 元。

A 法院根据鉴定报告、发承包方质证及 2015 年 2 月鉴定方出具对承包方鉴定异议书做出的鉴定报告补充说明，对选择性鉴定意见进行再次认定。针对其中发包人减项清单的三层及四层墙面宝蓝色烤漆玻璃饰面，A 法院经现场踏勘调查证实是拆除完成玻璃后进行二次装修改造的事实，补回减项造价 186 618 元，净减造价 956 111 元调整为 769 493 元。

2015 年 10 月，A 法院基于发承包方签约合同条件、司法鉴定踏勘时点现场情况结合签约施工图核对，A 法院采纳了司法鉴定报告意见中的确定性鉴定意见，部分采纳了选择性鉴定意见，做出民事判决：认定增项工程造价 207 554 元，减项工程造价 769 493 元，施工合同价款总金额为 7 590 000+207 554−769 493=7 028 061（元）。

【评注】

民事纠纷案要求“谁主张、谁举证”，有效证据是主张权益的关键要素。由于移交给鉴定方的工程资料不完整，未形成工程质量闭环，使计价事实依据缺失，导致鉴定方无法给出基于客观事实计算的工程造价。

1. 因涉案工程未进行竣工验收，施工过程既未委托第三方进行现场监理服务，也未形成反映工程实体和施工过程的详细记录。

2. 施工合同纠纷案承包方提供的部分变更联系单及施工图没有盖章也没有发包方签证确认，变更的事实不清。

3. 部分已完工程因发包方开业前进行了自行拆改，现场踏勘已无法认定拆改前后的工程差异状况，已完工程事实争议大。

4. 发承包方主要事实认定争议有：

（1）一层装修中 1 楼明档长 3.5m、高 1.09m 木饰面低柜：承包方认为已经完成，现场踏勘没有找到该规格低柜。

（2）一层地面 53m^2 块料：承包方认为已经完成抛光砖后又变更为米黄大理石，现场踏勘仅看到米黄大理石，无法判断抛光砖工程量是否曾经发生。

（3）二层装修中 9 号包厢 25m^2 长弧形墙：承包方认为弧形墙已经完成施工，现场踏勘仅看到弧形矮隔断，弧形矮隔断已经计入增项，弧形墙是否施工完成或完成后经过二次装修而灭失，无法判断。

（4）三层及四层墙面 26m^2 宝蓝色烤漆玻璃饰面：承包方认为已经施工完成，后应发包方要求改为木饰面，现场踏勘仅看到木饰面墙面，无法判断宝蓝色烤漆玻璃饰面的工程量是否存在。

（5）五层 12 项装饰装修内容：承包方认为已按签约施工图施工完成，发包方二次装修自行拆改了已完工程量，现场踏勘无法追认。

以上这些难以确认事实的争议内容，导致后续次生案，让鉴定方蒙受法律风险。

二、次生案：鉴定成果侵权责任争议案

（一）案件一审

双方争议点：

施工合同承包方对原生案鉴定结果持有异议，将鉴定方诉诸法院，如何判定司法鉴定方鉴定过失造成侵权。

基本情况：

2017 年 2 月，根据原生案判定，承包方以造价鉴定方未按承包方提出的鉴定异议书更正鉴定报告，存在鉴定过失而形成侵权为由向 A 法院起诉，并向法院提交了 13 项证据，认为鉴定方多计减项工程费用 769 493 元、少计增项工程费用 19 401 元，要求鉴

定方赔偿承包方此额度的损失。鉴定方被迫应诉，指定企业负责人、原生案鉴定专业人员、委托律师积极进行各项应诉活动。

经司法程序，A 法院认定了原生案的相关事实：

承包方向 A 法院起诉，发包方反诉，A 法院委托造价鉴定，鉴定方出初稿，发承包方异议反馈，鉴定方出终稿，承包方提出鉴定异议书，鉴定报告法庭质证，鉴定方提交鉴定报告补充说明，A 法院判决，送达判决书。

针对承包方提交的 13 项证据，经鉴定方法庭质证，通过审理，确定其中 6 项被原生案 A 法院采信，已纳入判决结果；其余 7 项或因不能证明属于原生案施工合同履约或因系承包方单方原因，均不予确认。

2017 年 7 月，A 法院做出判决：

根据《中华人民共和国侵权责任法》第六条第一款、《中华人民共和国民事诉讼法》第六十四条、《最高人民法院关于民事诉讼证据的若干规定》第九条的规定，做出以下判决：承包方要求鉴定方承担因侵权而造成损失的诉请，法院不予支持，驳回承包方的诉讼请求。

【评注】

过错责任原则是侵权责任的一般归责原则，在法律没有特别规定的情形下，侵权责任均适用过错责任原则。《最高人民法院关于民事诉讼证据的若干规定》第九条规定，已为人民法院发生法律效力的裁判所确认的事实无须举证证明，当事人有相反证据足以推翻的除外。上案民事判决已生效，该判决对鉴定报告书予以认定。无证据证明承包方曾向鉴定机构提供支持其异议的有效证据。当事人对自己的主张有责任提供证据，没有证据证明鉴定方在鉴定过程中存在过错，给承包方造成损失，故承包方要求鉴定方承担因侵权而造成损失的诉请，A 法院不予支持。

（二）案件二审

双方争议点：

施工合同承包方对原生案鉴定结果保持异议，继续上诉，如何判定司法鉴定方鉴定过失造成侵权。

基本情况：

2017 年 7 月，因承包方不服 A 法院一审判决，上诉上一级 B 法院。鉴定方一审应诉团队继续应诉。B 法院审理过程中，承包方又提供了 3 份证据欲证明其经济损失是因鉴定方鉴定行为过失造成。鉴定方一审应诉团队继续积极应诉，通过法庭质证，承包方提供的 3 份证据均不属于新证据，未被 B 法院采信。

2017 年 11 月，B 法院经司法审理，认定的事实与 A 法院认定事实一致，依据《中华人民共和国民事诉讼法》第一百七十条第一款第（一）项的规定，做出判决：

原审判决认定事实清楚，适用法律正确，驳回上诉，维持原判。

【评注】

本案是工程造价咨询企业因进行工程造价司法鉴定活动成为被告，此情形在国内极为罕见，虽然工程造价咨询企业赢得了诉讼，但是给从事司法鉴定的工程造价咨询企业和从业人员提出了警示，值得大家引以为戒、努力研究业务内涵，在造价咨询活动中提升抗风险能力。

1．端正专业人员工作心态，促进鉴定成果客观公正。

造价专业人员在承担司法鉴定任务后，要公平公正、实事求是、耐心细致地开展工作，准确理解案件争议的焦点，争取合同争议双方有效支持，做好应对复杂局面的思想准备，让他们能积极配合鉴定机构开展鉴定流程，包括及时提供施工合同背景情况、参与现场踏勘测量查证、表述合同争议真实想法，共同还原工程施工阶段的实际过程，让鉴定成果具备厚实的客观基础条件，在回复异议时也应同时面对争议双方立场。

2．发挥造价知识专长，维护合同司法公正。

发挥专业人做专业事的优势，司法鉴定单位认真研读施工合同、施工图纸、工程量清单、工程联系单、签证单等案件基础资料后，从造价专业角度准确理解合同条件和核实工程事实，完成鉴定流程，切忌鉴定成果中使用模糊、笼统、非专业的言辞，应及时清晰完整地逐条回复异议、出具鉴定报告、开庭作证，向法院提供案件相关的专业意见，从技术上支撑合同争议的司法公正。

3. 严格甄别造价成果有效证据，坚定运行业务档案管理制度。

针对司法讲究“谁主张、谁举证”的原则，争议案相关方都要重视证据的作用，只有经法院质证的证据才能成为鉴定的有力证据。本案件的承包方施工过程资料缺失，使主张不能形成有效证据，是其败诉的主要原因。司法鉴定单位运行好业务档案管理制度，让鉴定活动阳光透明，即使在成为被告时也可以从容应对，维护自身合法权益。

4. 不断积累法务知识，持续提升风险防范水平。

百分之一的鉴定成果错误，会造成合同当事人百分之百的损失，司法鉴定单位因鉴定活动成为被告，提醒造价咨询企业也存在业务风险，只有依法合规开展业务，从严控制鉴定成果放行制度，才能降低风险。面对我国法律不断完善的形势，需要造价咨询企业与时俱进，学习更新法律知识，时刻以法律武器保护自己。

总之，鉴定方要运用自身的专业知识，做出专业的鉴定意见，维护合同争议的司法公正，维护自身的合法权益不受侵犯。

21 桩基工程重大变更引起合同价索赔

双方争议点：

因桩基工程发生重大设计变更，取消了大部分挖孔桩工程量，引起的索赔如何处理。

基本情况：

某高层农居点工程位于某市郊区，总建筑面积约 100 020.01m^2，资金来源为区财政资金，由区财政局委托专业中介机构进行跟踪审计。工程通过区建设工程交易平台按公开招标程序确定承包方并签订施工合同。施工合同采用固定单价合同，承包范围为施工图范围内及招标文件规定的全部工程（包括土建、安装、室外市政配套、基坑围护及相关设计、施工变更），签约合同价为 179 911 053 元，其中桩基工程造价为 23 180 305 元，合同工期总日历天数 720 天。

监理单位签发的开工令为 2012 年 12 月 10 日，桩基施工场地平整时，大部分区域挖机可直接挖至基岩层，发生施工停顿。经重新探明地质条件后进行设计修改，保持建筑设计，取消了大部分挖孔桩工程量，变更为天然地基筏板基础，形成设计施工图报批后继续施工。由于地质条件的改善，变更后的设计施工图除工程桩大量减少外，基础工程量比招标清单工程量也略有减少，则 2014 年 6 月 15 日承包方向发包方提出书面索赔，索赔内容包括民工窝工、管理人员工资、机械设备租赁闲置、桩减少的利润损失与成本提升、周转资金利息，索赔额达 6 919 954 元。

因涉及工程重大变更，为使变更索赔依据合法合规，2014 年 11 月双方将费用索赔争议项提交仲裁，后仲裁委员会委托工程造价司法鉴定单位进行专项造价鉴定，2016 年 5 月形成裁定意见。

【评注】

根据工程所在地政府职能部门颁发的《工程变更管理暂行办法》明确工程重大变更的标准之一："单项变更，合同价在 1 亿元及以上的，投资增减额在 300 万元及以上的为重大工程变更"。

经测算本工程设计变更的签约合同工程量变化，取消桩基造价 18 794 244 元，占合同桩基造价的 81.08%，占签约合同价的 10.45%。除工程桩大量减少、筏板基础结构工程量比原底板基础结构清单工程量略有减少外，其他签约合同清单工程量基本没有变更。根据市场惯例，桩基工程相对其他工程施工利润较高，承包方看到此变更会丧失预期利润，履约积极性深受打击。

鉴于工程重大变更的索赔金额巨大，承包人索赔内容缺乏直接的计价依据，承发包双方采用仲裁解决合同争议，有利于缓解双方矛盾和推进工程建设。

承包方意见：

因发包阶段未提供地质勘察报告，无法对工程地质情况进行预判，按合同要求组织施工后，发包方进行重大设计变更，发生施工停顿，造成施工成本额外增加和损失，导致承包方无法获得相应的合同预期利润。此为非承包方原因发生的变更，由此引起的损失应予补偿。

【评注】

承包方投标时采用不平衡报价，对照招标控制价，除桩基分部未下浮外其余分部工程都有不同程度的下浮优惠，桩基工程报价价位与招标控制价价位基本一致。

由于发包方招标阶段未提供地质勘察报告，开工后取消了大部分挖孔桩工程量，属非承包方原因产生的工程重大变更，承包方有权提出费用索赔，但费用索赔额需要核实。

发包方意见：

施工合同采用国标工程量清单招标形成的固定单价合同，工程量按实结算。工程桩减少属合同清单工程量减少，应按清单计价规范执行，结算时扣除合同清单中未施工的工程量，原则上不予索赔。

【评注】

1. 签约合同单价可以调整。根据《浙江省建设工程计价规则》(2010 版)的规定："凡合价金额占合同总价 2% 及以上的分部分项清单项目，其工程量增加或减少超过本项目工程数量 15% 及以上的，其增加部分工程量或减少后剩余部分工程量相应的综合单价由承包方参照投标时的报价分析表对原单价重新组价。"

2. 承包方潜在利润可以索赔。根据《中华人民共和国合同法》第一百一十三条的规定："当事人一方不履行合同义务或者履行合同义务不符合约定，给对方造成损失的，损失赔偿额应当相当于因违约所造成的损失，包括合同履行后可以获得的利益，但不得超过违反合同一方订立合同时预见到或者应当预见到的因违反合同可能造成的损失。"

仲裁意见：

因桩基工程重大变更引起施工合同条件发生变化为非承包方责任，经工程造价司法鉴定，支持承包方索赔额为 2 852 685 元，其中补偿工程桩取消损失的承包方潜在利润 2 409 422 元，施工停顿引起的承包方成本增加费 443 263 元。

【评注】

按司法鉴定工作流程，工程造价鉴定方通过背景调查、依据梳理（法律法规、施工合同及补充协议、图纸、招标文件、施工过程有效文件）、依据确认、核算对账（图纸、招标文件由代建确认，施工记录由监理确认）、参建各方和跟踪审计集体交流对接后，经仲裁庭调查确认，生成工程造价鉴定成果。

工程造价鉴定成果意见和支撑数据如下：

1. 索赔内容：包括取消桩基工程量的承包方既有合同潜在利润、合同条件改变引起承包方的成本增加。

2. 补赔费用：共计 2 852 685 元，其中：①承包方潜在利润补偿额为 2 409 422 元，主要考虑桩基工程量变化事项，桩施工期测算成本为 16 274 639 元，取消桩签约时点总价 18 794 244 元，钢筋信息价调整扣减 110 183 元；②承包方的损失合计费用 443 263 元，包括根据施工单位提供工程量，经监理人确认，窝工与机械闲置费 67 378 元，管理人员工资 375 885 元计算。

3. 咨询成果引用的数据说明。

（1）针对承包方潜在利润。

1）计算公式：承包方潜在利润额 = 工程桩取消部分的承包方报价额 − 相应承包方市场成本结算额。

2）工程桩成本测算基础价格引用：人工费和相应机械费按承包方与班组承包合同价格，钢筋和混凝土材料费按承包方与供货商签订的供货合同价格。

3）工程桩成本测算时合同综合单价缺项内容引用招标时点定额口径，机械费中增加钢筋加工机械、吊装机械和其他机械费，材料费中增加电焊条、水电费、安全保护费，管理费采用工业与民用建筑工程二类中值计取。

4）信息价调整按合同要求执行，混凝土与人工费在风险范围内，钢筋在风险范围外进行调整；信息价采用当地造价主管部门发布的信息价，时间段为监理方发出的开工令至基础工程完成施工时间。

（2）针对承包方的成本增加。

1）计算公式：承包方成本增加额 = 相关班组承包价格增加额 + 窝工损失额 + 相应管理人员工资额 + 大型施工机械闲置台班费。

2）引用工程桩数量减少引起桩基班组承包价格提升补充协议。

3）窝工人工费按投标价计算。

4）管理人员工资按取消桩签约时点总价的 2% 计算。

5）挖机、镐头机机械闲置按大型施工机械闲置费计算原则。

6）相关班组主要覆盖总包分包的劳务分包，根据承包方与土建五大班组签订合同在先，后发生桩基础设计变更为筏板基础，使地下室基础施工更加容易但不影响其班组价格调整。

附　　录

浙江省建设工程造价管理办法

（2012年4月2日浙江省人民政府令第296号公布　根据2019年8月2日浙江省人民政府令第378号公布的《浙江省人民政府关于修改〈浙江省城市建设档案管理办法〉等5件规章的决定》修正）

第一章　总　　则

第一条　为了科学、合理确定建设工程造价，规范建设工程造价行为，促进建设市场健康发展，根据《中华人民共和国建筑法》等有关法律、法规规定，结合本省实际，制定本办法。

第二条　本省行政区域内建设工程造价活动，以及建设工程指导性计价依据的制定、修订和发布，适用本办法。

交通、水利、电力等专业建设工程造价活动及其指导性计价依据的制定、修订和发布，依照国家有关规定执行；国家没有规定的，参照本办法执行。

第三条　县级以上人民政府应当建立健全建设工程造价管理制度，完善监督管理机制，保障相关经费投入，督促有关部门和机构依法做好建设工程造价管理工作。

第四条　县级以上住房和城乡建设主管部门或者人民政府确定的其他部门（以下统称建设工程造价主管部门）负责本行政区域内建设工程造价管理工作。建设工程造价主管部门所属的建设工程造价管理机构负责造价管理的具体事务工作。

交通、水利、电力等专业建设工程的造价主管部门（以下统称专业建设工程造价主管部门）依照国家和本办法规定的职责，负责专业建设工程造价活动的有关管理工作。

发展和改革、财政、审计、市场监督管理、国有资产监督管理等有关部门和机构依照各自职责，负责建设工程造价的相关管理或者监督工作。

第五条　建设工程造价活动应当遵循合法、客观、公正、独立和诚信原则，维护社会公共利益。

第六条　建设工程造价行业协会应当加强行业自律，发挥行业指导、服务和协调作用。

第二章　指导性计价依据

第七条　建设工程造价主管部门应当建立指导性计价依据动态管理机制和市场调研机制，适时调整指导性计价依据和相关管理措施，科学引导建设工程造价活动。

第八条　编制或者修订建设工程指导性计价依据，应当采取论证会、座谈会或者其他方式，充分征求工程建设各方以及有关专家意见。

编制或者修订建设工程指导性计价依据，应当与经济社会发展和工程技术发展水平相适应，反映建筑业的技术和管理水平，促进工程建设领域科学技术成果推广应用，符合国家有关标准要求。

第九条　工程定额由省建设工程造价管理机构负责编制与修订，报省建设工程造价主管部门会同同级发展和改革、财政主管部门审定后颁布。

工程定额由省建设工程造价管理机构负责解释；必要时，提请颁布部门予以解释。

第十条　为了处理建设工程实施过程中遇到的特殊情况，需要对工程定额予以补充的，由省建设工程造价管理机构组织编制、发布补充定额，并报有关审定部门备案。

第十一条　因建设工程设计、施工的特殊性，已编制的工程定额缺少对应内容的，施工企业可以与建设单位协商编制一次性补充定额。一次性补充定额仅适用于本建设工程。

第十二条　建设工程造价主管部门应当建立建设工程造价基础数据库以及市场价格监测和预警机制，定期采集、测算、发布建设工程价格要素市场信息价和指数、指标等相关信息，利用大数据等手段开展建设工程造价信息监测。

第十三条　鼓励开发和应用建设工程造价软件和辅助管理系统。

软件开发单位开发和销售的建设工程造价软件应当符合国家和省有关规定。

第三章　工 程 造 价

第十四条　建设工程造价遵循投资估算控制设计概算、设计概算控制施工图预算、施工图预算控制工程结算的原则，实施全过程管理。

建设工程投资估算、设计概算和施工图预算的编制，按照国家和省有关规定执行。

第十五条　建设单位与施工企业应当按照指导性计价依据和国家、省有关规定，在建设工程施工合同中约定建设工程造价。实行招标投标的建设工程，其造价的约定应当遵守招标投标法律、法规、规章的规定。

第十六条 国有投资建设工程应当采用工程量清单计价。工程量清单应当根据施工图编制，不得作假。

非国有投资建设工程提倡采用工程量清单计价。

第十七条 国有投资建设工程实行招标的，建设单位应当组织编制招标控制价。招标控制价是建设工程招标中限定的最高工程造价。

招标投标综合管理部门应当将招标控制价相关材料与建设工程造价主管部门共享。

第十八条 建设工程安全防护和文明施工措施费用的计提、支付及使用管理，按照国家有关规定执行。有关监督管理部门应当加强监督。

第十九条 工程价款结算，按照建设工程施工合同约定和相关法律、法规、规章的规定办理。

够实行分段即时结算的建设工程，建设单位应当按照工程进度实行分段即时结算。

建设单位应当在收到工程结算文件后的约定期限内进行审核，并予以答复。对工程结算答复期限没有约定或者约定不明确的，具体期限按 28 个工作日确定；建设单位和施工企业双方可以另行约定期限，但最长不得超过 6 个月。

第二十条 建设单位应当在和施工企业签署工程竣工价款结算书之日起 30 日内向建设工程造价主管部门报送结算信息。

法律、法规、规章规定工程竣工价款结算需要由财政主管部门批准或者认定的，建设单位应当在批准或者认定之日起 30 日内报送结算信息。

第二十一条 建设单位违反建设工程施工合同约定，拒绝、逃避或者拖延支付到期工程价款的，施工企业可以暂停施工，并可以依据建设单位授权代表确认的工程量或者工程价款依法向人民法院申请支付令，要求建设单位支付工程价款。

第二十二条 建设单位和施工企业对建设工程结算价款有争议的，可以向建设工程造价主管部门或者建设工程造价管理机构申请调解；不愿协商、调解或者协商、调解不成的，可以依法申请仲裁或者提起诉讼。

第四章 工程造价咨询企业和执业人员管理

第二十三条 工程造价咨询企业应当依法取得国家规定的资质，并在其资质等级许可的范围内从事咨询活动。未依法取得国家规定的资质或者超越资质等级许可的范围从事咨询活动的，其出具的工程造价咨询成果文件无效。

工程造价咨询企业依法从事工程造价咨询活动，不受行政区域、行业等限制。

任何单位和个人不得限制或者指定工程造价咨询企业从事本系统、本行业的工程造价咨询活动。

第二十四条 工程造价咨询企业应当与委托单位签订所承接业务的书面合同，并按照合同约定和标准规范、操作规程、执业准则的要求，客观、公正地提供服务，对出具的工程造价咨询成果文件负责。

工程造价咨询企业出具的工程造价咨询成果文件应当加盖企业执业印章，具体承担咨询业务的注册造价工程师应当签字并加盖执业印章。

第二十五条 工程造价咨询企业不得有下列行为：

（一）涂改、倒卖、出租、出借资质证书或者以其他形式非法转让资质证书；

（二）超越资质等级承接造价咨询业务；

（三）同时接受招标人和投标人或者两个以上投标人对同一建设工程的造价咨询业务；

（四）使用本企业以外人员的执业印章或者专用章；

（五）转让其所承接的造价咨询业务；

（六）故意抬高或者压低工程造价；

（七）伪造造价数据或者出具虚假造价咨询成果文件；

（八）泄露在咨询服务活动中获取的商业秘密和技术秘密；

（九）以给予回扣、贿赂等方式进行不正当竞争；

（十）法律、法规、规章禁止的其他行为。

第二十六条 工程造价执业人员应当依法取得造价工程师注册证书，按照国家和省有关规定开展执业活动。

第二十七条 工程造价执业人员不得有下列行为：

（一）签署有虚假记载或者误导性陈述的造价成果文件；

（二）在非实际执业单位注册；

（三）以个人名义承接造价业务，允许他人以本人的名义从事造价业务，或者冒用他人的名义签署造价成果文件；

（四）同时在两个或者两个以上单位执业；

（五）涂改、倒卖、出租、出借或者以其他形式非法转让注册证书、执业印章、专用章；

（六）泄露在执业中获取的商业秘密和技术秘密；

（七）法律、法规、规章禁止的其他行为。

第二十八条 工程造价咨询企业应当建立健全质量控制、操作流程、档案管理等管理制度，加强执业人员的业务培训、法制和职业道德教育。

第五章 监督检查

第二十九条 建设工程造价主管部门和有关监督管理部门应当建立信息共享平台，加强信息交流，完善协同监管机制。发现违法行为的，应当依法作出处理。有关单位和个人应当予以配合。

监督检查中获悉的商业秘密和技术秘密，应当予以保密。

第三十条 建设工程造价主管部门应当建立工程造价咨询企业、执业人员的信用档案，并按照国家和省有关规定开展信用评价。

第三十一条 建设工程造价主管部门应当加强对建设工程施工合同履行情况的监督检查，并将监督检查情况和建设工程有关造价信息在本单位的门户网站或者其他媒体上公布，接受社会监督。依法应当保密的建设工程除外。

第三十二条 国有投资建设工程超过国家、省规定的投资额度及标准，擅自增加建设内容，扩大建设规模，低价中标、高价结算，以及不按照建设工程施工合同约定支付工程款的，发展和改革、财政、审计和建设工程造价等有关监督管理部门应当调查核实，并依据各自职责，依法作出处理。

第六章 法律责任

第三十三条 违反本办法规定的行为，法律、法规已有法律责任规定的，从其规定。

第三十四条 违反本办法第十六条第一款规定，国有投资建设工程未采用工程量清单计价的，由建设工程造价主管部门责令限期改正，处1万元以上3万元以下的罚款。

第三十五条 违反本办法第二十条规定，建设单位不按照规定报送工程竣工结算价款信息的，由建设工程造价主管部门责令限期改正；逾期不改正的，处1万元以上3万元以下的罚款。

第三十六条 工程造价咨询企业违反本办法第二十五条第一项至第七项规定的，由建设工程造价主管部门给予警告，没有违法所得的，处 1 000 元以上 1 万元以下的罚款；有违法所得的，处违法所得 3 倍以上但不超过 3 万元的罚款。

工程造价咨询企业违反本办法第二十五条第八项、第九项规定的，由市场监督管理部门依照有关规定处理。

第三十七条 建设工程造价执业人员违反本办法第二十七条第一项至第五项规定的，由建设工程造价主管部门给予警告，责令限期改正，没有违法所得的，处 1 000 元以上 1 万元以下的罚款；有违法所得的，处违法所得 3 倍以上但不超 3 万元的罚款。

建设工程造价执业人员违反本办法第二十七条第六项规定的，由市场监督管理部门依照有关规定处理。

第三十八条 建设工程造价主管部门、有关监督管理部门和建设工程造价管理机构及其工作人员违反本办法规定，不履行或者不正确履行监督管理职责，造成严重后果的，对直接负责的主管人员和其他直接责任人员，按照管理权限依法追究责任。

第七章 附 则

第三十九条 对违反本办法规定的行为，建设工程造价主管部门、专业建设工程造价主管部门可以依法委托建设工程造价管理机构实施行政处罚。

第四十条 本办法所称建设工程造价，是指建设工程项目从筹建到竣工验收、交付使用期间，因工程建设活动而发生的全部费用。

本办法所称建设工程指导性计价依据，是指建设工程各方在建设工程造价活动中所采用的工程定额、补充定额、价格信息等。

本办法所称国有投资建设工程，是指全部使用国有资金（包括国家融资资金）投资，以及国有资金投资占投资总额 50% 以上，或者虽不足 50% 但国有投资者实际拥有控股权的建设工程。

第四十一条 本办法自 2012 年 10 月 1 日起施行。2004 年 4 月 22 日省人民政府发布的《浙江省建设工程造价计价管理办法》同时废止。

浙江省行政调解办法

第一条 为加强和规范行政调解工作，构建多元联动的矛盾纠纷解决机制，及时化解与行政管理有关的争议纠纷，促进社会和谐稳定，根据有关法律、法规、规章规定，结合本省实际，制定本办法。

第二条 本省各级行政机关开展行政调解适用本办法，法律、法规、规章另有规定的从其规定。

本办法所称的行政调解，是指行政机关依照法定职责和规定程序，以自愿平等为基础，以事实为依据，通过解释、沟通、说服、疏导、协商等方法，促使公民、法人或者其他组织之间以及行政机关与行政相对人之间（以下统称当事人），依法化解有关民事纠纷和行政争议的活动。

第三条 行政调解应当坚持自愿平等、合法正当、优先及时、便民高效的原则。

第四条 行政机关依照相关法律、法规、规章规定，对与本机关履行行政管理职能有关的公民、法人或者其他组织之间的民事纠纷进行调解。

行政机关可以对下列行政争议进行调解：

（一）公民、法人或者其他组织对行政机关行使法律、法规、规章规定的行政裁量权作出的行政行为不服的；

（二）公民、法人或者其他组织与行政机关之间的行政赔偿、行政补偿纠纷；

（三）其他依法可以调解的行政争议。

第五条 下列情形不适用行政调解：

（一）人民法院、行政复议机关、行政裁决机关、仲裁机构等有权处理机关已经依法作出处理，或者已经经过信访复查、复核的；

（二）无明确另一方当事人的；

（三）已经超出行政复议、行政裁决、仲裁、诉讼期限的；

（四）当事人就同一事实以类似理由重复提出行政调解申请的；

（五）法律、法规、规章规定不适用行政调解的其他情形。

第六条 与行政管理有关的民事纠纷的调解，履行相关行政管理职能的行政机关为行政调解机关。

行政争议的调解，按以下规定确定行政调解机关：

（一）涉及人民政府的行政争议，由上一级人民政府的相关职能部门负责调解；

（二）涉及政府工作部门的行政争议，由本级人民政府负责调解；

（三）涉及实行垂直领导部门的行政争议，由上一级主管部门负责调解；

（四）涉及县级以上人民政府依法设立的派出机关的行政争议，由设立该派出机关的人民政府负责调解；

（五）涉及政府工作部门依法设立的派出机构的行政争议，由设立该派出机构的部门负责调解；

（六）涉及法律、法规授权组织的行政争议，由直接管理该组织的人民政府或者部门负责调解。

行政调解机关为人民政府的，可以指定相关部门或者机构具体组织调解。

涉及多个行政机关职责的争议纠纷，由最初受理的行政机关或涉及主要管理工作的行政机关牵头调解，相关行政机关参与调解。难以确定牵头行政机关的，由政府法制工作机构、机构编制部门共同协商明确。

第七条 公安、民政、国土资源、环保、交通运输、卫生计生、工商、质监、价格、知识产权、人力社保等行政调解任务较重的部门，可以根据需要成立行政调解委员会，并配置行政调解室、接待室。

各级人民政府及其工作部门可以建立专业调解员名录，并向社会公布。

第八条 行政调解机关可以通过向社会力量购买服务等方式，委托人民调解组织、社会组织、中介服务机构等第三方调解组织，具体组织民事纠纷的调解。

第九条 公民、法人或者其他组织就民事纠纷或者行政争议申请行政调解，应当向行政调解机关提出书面申请或者口头申请。对口头申请的，应当当场记录并经申请人确认。

行政调解机关收到行政调解申请后，应当予以登记。属于本机关行政调解范围且另一方当事人同意调解的，应当在 5 个工作日内通知各方当事人有关调解时间、地点和调解主持人、调解员，并提醒对有关争议纠纷申请行政复议及提起诉讼、仲裁等的法定期限；不属于本机关行政调解范围或者另一方当事人不同意调解的，应当在收到申请之日起 5 个工作日内告知申请人，并说明理由。

第十条 行政调解机关对下列争议纠纷，可以主动组织调解：

（一）资源开发、环境污染、重大交通事故、危旧房搬迁等方面的民事纠纷；

（二）涉及人数较多、可能对本区域行政执法活动产生重大影响的行政争议；

（三）行政调解机关认为需要主动组织调解的其他情形。

行政调解机关主动组织调解的，应当征得当事人（行政机关除外）同意，并在 5 个工作日内通知各方当事人有关调解时间、地点和调解主持人、调解员。

第十一条 行政机关在具体行政执法活动中对涉及的民事纠纷，具备当场调解条件的，行政机关工作人员可以当场启动调解，并将相关情况记录在案。

第十二条 人民法院协商委托行政调解的，行政机关应当及时组织调解，并反馈调解结果。

第十三条 行政调解机关组织调解时，应当由本机关相关业务机构工作人员主持调解，重大或复杂的争议纠纷可以由本机关负责人主持调解。

行政调解机关可以组织专业调解员或者邀请人大代表、政协委员、人民调解员、行政执法监督员以及行政争议发生地群众代表作为特邀调解员参加调解。

第十四条 其他公民、法人或者其他组织认为与有关争议纠纷有利害关系的，可以向行政调解机关申请作为一方当事人参加调解。

调解结果直接影响第三方利益的，行政调解机关应当通知其作为一方当事人参加调解。

第十五条 当事人可以委托 1 至 2 名代理人参加调解；当事人不能参加调解的，应当明确至少 1 名代理人的委托权限为特别授权。

一方当事人人数超过 5 名的，应当推选 1 至 5 名代表人参加行政调解。

第十六条 调解员应当充分听取各方当事人的陈述，解释法律、法规、规章和政策，解答当事人的疑问，厘清事实，辨明是非，促使各方达成调解协议。

经当事人同意，可以采取网络、电话、信函等方式进行行政调解。

第十七条 行政调解机关可以依申请在其职权范围内进行调查取证或者依职权主动进行调查、核实证据，有关单位和个人应当予以配合。

行政调解需要进行检测、检验、检疫、技术鉴定、伤残评定的，当事人可以协商一致委托，也可以共同委托行政调解机关送专门机构进行，费用由当事人协商承担。

第十八条 行政调解应当自收到调解申请之日起 30 日内办结。检测、检验、检疫、技术鉴定、伤残评定的时间不计算在内。

情况复杂或者有其他特殊情形的，经各方当事人同意，可以延长 10 日。

第十九条 有下列情形之一的，行政调解机关应当终止调解：

（一）当事人要求终止调解或者调解期限届满未达成调解协议的；

（二）当事人拒不参加调解或者中途退出调解的；

（三）调解协议生效前当事人反悔的；

（四）公民死亡或者法人、其他组织终止，无权利义务承受人的；

（五）法律、法规、规章规定的其他应当终止的情形。

行政调解终止后，行政调解机关应当制作行政调解终止通知书或者记录在案；需履行相应行政管理职责的，行政机关应当依法及时履行有关职责。

第二十条 对事实清楚，各方当事人争议不大或者所涉赔偿、补偿数额在 1 万元以下的争议纠纷，行政调解机关可以简化行政调解程序。省级有关部门可根据实际情况制定具体简化程序，并报省法制办备案。

第二十一条 行政调解达成调解协议的，应当根据争议性质制作行政调解书（民事纠纷 / 行政争议）。

行政调解书应当载明当事人情况、基本事实、争议焦点、协议内容和履行方式、履行期限、救济方式等事项，由各方当事人、调解主持人签名或者盖章，并加盖行政调解机关印章。

行政调解书由各方当事人各执 1 份，行政调解机关或者具体组织调解机构留存 1 份。

第二十二条 调解协议即时履行、当事人自行和解，或者当事人认为没有必要的，可以不制作行政调解书，由当事人、调解主持人在调解笔录上注明并签名或者盖章确认。

第二十三条 行政调解书自各方当事人签收之日起生效，当事人应当按照约定履行。行政机关不履行行政调解书的，行政调解机关应当责令履行。

第二十四条 对有关民事纠纷经调解达成的行政调解书，各方当事人可以依据《中华人民共和国公证法》有关规定申请公证；或者依据《中华人民共和国民事诉讼法》《中华人民共和国仲裁法》以及有关规定，向行政调解机关所在地基层人民法院或者仲裁机构，申请确认其效力。

以金钱或者有价证券给付为内容的行政调解书（民事纠纷），债权人可以依据《中华人民共和国民事诉讼法》及其司法解释的规定，向人民法院申请支付令。

第二十五条 各级人民政府对本行政区域内行政调解工作负总责，加强行政调解工作领导，完善行政调解与人民调解、司法调解联动工作体系，保障行政调解所必需的工作条件和经费。

各级人民政府工作部门应当履行本系统行政调解工作的主体责任，加强业务指导和协调，明确具体业务机构负责组织行政调解工作。

各级人民政府法制工作机构应当发挥牵头作用，加强对本行政区域内行政调解工作的指导、督促和协调，推动制定行政调解权利义务清单，研究制定配套制度，组织开展业务培训，定期通报工作情况。

第二十六条 行政调解机关应当建立健全行政调解工作统计分析报告制度，定期对行政调解案件数量、争议纠纷类型、结案方式等数据进行统计分析，并向本级人民政府法制工作机构报送统计分析报告。

第二十七条 行政调解机关应当将调解申请登记、调解笔录、行政调解书等立卷归档。

第二十八条 行政调解不得向当事人收取费用。

第二十九条 行政复议以及行政裁决等案件处理过程中进行调解的，依照其相关规定执行。

法律、法规授权组织对与行政管理有关的民事纠纷进行调解，参照本办法执行。

第三十条 本办法自2017年3月1日起施行。

浙江省建设工程结算价款争议行政调解办法

（浙建〔2020〕3号）

第一条 为了加强和规范建设工程结算价款争议行政调解工作，及时化解与建设工程结算价款有关的争议纠纷，维护建设单位和施工单位的合法权益，根据《建筑工程施工发包与承包计价管理办法》《浙江省建设工程造价管理办法》《浙江省行政调解办法》和《最高人民法院 国家发展和改革委员会 司法部关于深入开展价格争议纠纷调解工作的意见》等有关规定，结合我省实际，制定本办法。

第二条 本办法所称建设工程结算价款争议行政调解，是指建设单位和施工单位（以下简称当事人）对建设工程结算价款有争议，向县级以上人民政府建设行政主管部门或者建设工程造价管理机构（以下简称“调解部门”）申请调解。调解部门依照法定职责和规定程序，以事实为依据，通过解释、沟通、说服、疏导、协商等方法，居间调解，促使各方当事人在自愿、平等的基础上达成一致意见，依法化解建设工程纠纷和矛盾的活动。

第三条 建设工程结算价款争议行政调解的基本原则。

（一）自愿平等原则。当事人自愿申请、自愿参加；尊重当事人意愿，各方当事人地位平等，不强迫当事人接受调解；

（二）合法正当原则。开展行政调解，应当以事实为依据，以法律为准绳，不得损害国家利益、公共利益，以及公民、法人和其他组织的合法权益。

（三）公平公正原则。行政调解部门应当坚持公正的立场，秉公处理争议纠纷，不得偏袒、包庇一方当事人。

（四）便民高效原则。行政调解应当手续简便、方式灵活，在规定时限内注重提高工作效率、提供优质服务。

第四条 当事人在行政调解中应当遵守调解秩序，如实陈述争议纠纷事实，自觉履行达成的调解协议。

调解部门在行政调解过程中不得拒绝当事人提供证据，也不得拒绝当事人终止调解的要求。

第五条 当事人对建设工程结算价款有争议的，可以共同向调解部门提出行政调解申请，并提供下列材料：

（一）建设工程结算价款争议行政调解申请表（附件1）；

（二）招投标文件、建设工程施工合同及其他合同文件；

（三）与调解内容有关的施工图设计文件、施工组织设计、设计变更、现场签证、工程建设标准、图集、照片等材料；

（四）对建设工程竣工结算审核意见有异议的，还应当提交建设单位委托工程造价咨询企业出具的竣工结算审核意见书；

（五）其他与争议有关的材料。

第六条 调解部门自收到申请材料之日起5个工作日内决定是否受理。决定受理的，书面告知当事人调解的时间、地点、调解员姓名等事项内容。决定不予受理的，书面告知当事人理由。

第七条 具有下列情形之一的，调解部门不予受理：

（一）未按本办法第五条规定提供相关材料的；

（二）建设工程计价不执行本省建设工程计价依据的；

（三）当事人一方或者双方已向仲裁机构申请仲裁或者已向人民法院提起民事诉讼的；

（四）经调解成功后再次申请调解的。

第八条 当事人应当按照受理通知书中载明的时间、地点参加调解部门组织的调解。委托代理人参加调解的，应当提交授予相应代理权限的授权委托书。确有正当理由不能参加的，应当在调解之日5个工作日前提出变更调解时间的申请并说明理由，调解部门重新确定调解时间、地点并书面通知双方当事人。

第九条 调解部门指定2名以上调解员共同承担调解工作，并明确其中1名调解员为主要负责人。

第十条 调解员有下列情形之一的，应当主动回避；不主动回避的，当事人有权申请其回避：

（一）是调解项目当事人或者与当事人有近亲属关系的；

（二）本人或者近亲属与调解项目有利害关系的；

（三）与当事人有其他利害关系，可能影响公正调解的。

当事人申请调解员回避的，应当在调解进行前提出，并说明理由，调解部门认为确需回避的，更换调解员，认为不需要回避的，告知当事人并说明理由。

第十一条 调解员组织当事人双方进行调解，应当认真听取当事人陈述、质证、辩论和查验当事人提供的材料，采取解释、说明、劝导等方式，提出调解意见，促使当事人自愿达成一致；不能达成一致的，应当告知当事人通过其他法定途径解决争议。必要时，调解员可以到建设工程现场实地查勘。

第十二条 当事人在调解中认为需要对专业性问题委托鉴定的，由双方共同委托具有相应资质的单位进行鉴定，鉴定结论作为调解依据。承担鉴定的单位由双方当事人协商选择，鉴定费用由双方共同承担或者约定一方承担。

第十三条 经调解达成调解协议的，调解部门应当制作行政调解书。行政调解书应当载明双方当事人基本情况、主要事实、争议焦点、达成的协议内容、履行方式等事项。行政调解书自双方法定代表人签字和盖公章后生效。

行政调解书由各方当事人各执 1 份，调解部门留存 1 份。

第十四条 调解协议即时履行、当事人自行和解，或者当事人认为没有必要的，可以不制作行政调解书，由参加调解的当事人代表（代理人）、调解主持人在调解笔录上注明并签名或者盖章确认。

第十五条 调解部门自受理行政调解之日起 20 个工作日内完成调解工作（实地查勘、委托鉴定、变更调整时间、当事人对调解结果确认所需时间等不计算在内）。

第十六条 具有下列情形之一的，调解部门做出行政调解终止决定：

（一）当事人要求终止调解或者调解期限届满未达成调解协议的；

（二）当事人拒不参加调解或者中途退出调解的；

（三）调解协议生效前当事人反悔的；

（四）调解部门在调解过程中发现具有本办法第七条规定的不予受理情形的；

（五）不符合调解的其他情况。

行政调解终止后，调解部门应当制作行政调解终止通知书或者记录在案，并告知当事人可以通过仲裁、诉讼等途径解决争议纠纷。

第十七条 调解协议生效后，当事人应当履行协议约定。双方当事人可以依法申请公证，或者依法向仲裁机构或者人民法院申请确认其效力。经仲裁机构或人民法院确认有效，一方当事人拒绝履行或者未全部履行，对方当事人可以向人民法院申请强制执行。

第十八条 调解部门应当根据工作实际，建立完善调解员的遴选、培训、奖惩、退出等制度。积极吸纳造价工程师、建造师、律师等相关专家担任调解员，组建调解员专家库并定期向社会公布。加强调解员培训工作，拓宽培训形式，强化职业操守，推动调解员全面提升专业知识、职业素养和调解技能。调解员按照“谁组织，谁聘用，谁管理”的原则执行。

第十九条 调解部门应当建立健全行政调解案卷档案管理制度，妥善保管行政调解案卷档案。

第二十条 调解部门及其工作人员未按本办法规定履行职责，或者滥用职权、玩忽职守、徇私舞弊，损害公民、法人或者其他组织合法权益以及造成不良社会影响的，依法给予行政处分。

第二十一条 行政调解不得向当事人收取费用。行政调解工作所需经费列入调解部门财政预算予以保障。

第二十二条 本办法自2020年4月15日起施行，原《浙江省建设工程结算价款争议行政调解办法》（浙建〔2014〕12号）同时废止。

附件： 1. 建设工程结算价款争议行政调解申请表

2. 建设工程结算价款争议行政调解书

3. 行政调解受理通知书

4. 行政调解不予受理通知书

5. 行政调解终止决定书

附件 1

建设工程结算价款争议行政调解申请表

申请时间：

工程名称		项目赋码	
建设地址		施工许可证号	
工程造价（万元）		争议项目造价（万元）	
开工时间		竣工时间	
建设单位		统一社会信用代码	
法定代表人		地　　址	
联系人		联系电话	
施工单位		统一社会信用代码	
法定代表人		地　　址	
联系人		联系电话	
计价依据			
是否已在工程所在地造价管理部门进行调解（含口头调解）			
请求调解的具体事项、当事人双方的争议焦点、事实和理由			
申请材料清单	竣工结算审核意见书______份； 施工合同______份，补充合同、补充协议______份； 招投标文件______份，施工组织方案______份； 施工图纸______张，设计变更资料______份； 施工现场签证资料______份； 其他资料______份		
建设单位	法定代表人（签字）： 单位（盖章）：日期：　　年　　月　　日		
施工单位	法定代表人（签字）： 单位（盖章）：日期：　　年　　月　　日		

注：甲乙双方如实提交调解申请资料，并对所提供资料的真实性、完整性、合法性负责。

附件 2

建设工程结算价款争议行政调解书

浙建调 ×× 号

<table>
<tr><td>工程名称</td><td></td><td>项目赋码</td><td></td></tr>
<tr><td>建设地址</td><td></td><td>施工许可证号</td><td></td></tr>
<tr><td>建设单位</td><td></td><td>统一社会信用代码</td><td></td></tr>
<tr><td>施工单位</td><td></td><td>统一社会信用代码</td><td></td></tr>
<tr><td>调解员</td><td colspan="3"></td></tr>
<tr><td>争议内容</td><td colspan="3"></td></tr>
<tr><td>调解意见</td><td colspan="3"></td></tr>
<tr><td colspan="2">建设单位

（签字或者签章）：

日期：　　年　月　日</td><td>施工单位

（签字或者签章）：

日期：　　年　月　日</td><td>调解部门（盖章）：

日期：　　年　月　日</td></tr>
</table>

注：本调解书一式三份，建设单位、施工单位、调解部门各持一份。

附件 3

行政调解受理通知书

(申请单位、双方):

你们(单位)因______________________项目的结算价款争议，申请行政调解。经审查，该申请符合受理条件，决定予以受理。并定于___________，在___________开展调解，请携带____________准时参加。无故不参加的，视为放弃调解申请。本次调解员为______________，如认为调解员存在当应回避的情形，请提出书面申请并说明理由。

特此通知。

年　　月　　日

(调解部门章)

附件 4

行政调解不予受理通知书

（申请单位、双方）：

你们（单位）因______________________项目的结算价款争议，申请行政调解。经审查，根据《浙江省建设工程结算价款争议行政调解办法》第七条第_____________项的规定，该申请不符合受理条件，决定不予受理。

特此通知。

年　　月　　日

（调解部门章）

附件 5

行政调解终止决定书

(申请单位、双方)：

本部门于____年____月____日受理你们（单位）因______________________项目的结算价款争议而提出的行政调解申请。因____（终止原因）____，根据《浙江省建设工程结算价款争议行政调解办法》第十六条第一款第______项的规定，决定终止调解。

年　　月　　日

（调解部门章）

浙江省建设工程结算价款争议行政调解专家管理办法

（浙建站招〔2021〕4号）

第一章　总　　则

第一条　为进一步提高建设工程结算价款争议行政调解水平，规范工程结算价款争议行政调解专家（以下简称调解专家）队伍建设和管理，维护发承包双方的合法权益，促进建筑市场健康发展，根据《浙江省建设工程造价管理办法》（省政府378号令）、《浙江省行政调解办法》（浙政办发〔2016〕172号）、《浙江省建设工程结算价款争议行政调解办法》（浙建〔2020〕3号）、《浙江省工程造价改革实施意见》（浙建建发〔2020〕69号）等文件精神，结合本省实际，制定本办法。

第二条　本办法所称的调解专家是指由省建设工程造价管理机构聘请的参与工程结算价款争议行政调解工作的专家。

第三条　本办法适用于调解专家的聘任、使用、考核等日常管理工作，各市建设工程造价管理机构可参照本办法，负责当地调解专家的管理工作。

第四条　根据“自愿、择优、公开”的原则，调解专家每年公布一次，结合行政调解工作开展情况，适时优化。

第二章　调解专家聘任的条件和程序

第五条　调解专家按下列专业进行分类登记建立：

（一）房屋建筑专业；

（二）市政基础设施专业；

（三）工程法律专业。

符合上述多个专业条件的专家可同时兼任。

第六条　有以下情形之一的，不应聘为调解专家：

（一）曾受过刑事处罚的；

（二）因违法违纪行为被辞退的；

（三）被吊销职业资格或者执业证书的；

（四）有弄虚作假、欺诈等失信行为的；

（五）有其他违法违规行为的。

第七条 调解专家应当具备以下基本条件：

（一）具有良好的职业道德，诚实守信，作风正派，理论水平高；

（二）年龄 70 周岁以下，身体健康，从事工程造价等相关专业工作 15 年以上，具备坚实的专业基础知识，有较丰富的工程实践经验，并在相关行业有一定的影响力；

（三）房屋建筑及市政基础设施专业人员需要具有工程或工程经济类高级及以上专业技术职称且持有一级注册造价工程师执业资格；工程法律专业人员需要具备法律职业资格证，并对工程合同方面的法律有一定的研究和实际经验。

第八条 调解专家聘任方式及要求：

调解专家聘任采取个人申请、定向邀请两种方式，省建设工程造价管理机构负责拟入库调解专家相关资料的审核，符合条件正式入选调解专家库，公布调解专家名单并签署承诺书。

（一）个人申请。

采取个人申请和单位推荐相结合的方式，申请人可常年根据本办法的要求提出申请，所在单位对申请人是否符合推荐要求，递交的信息是否真实、可靠进行审核，落实推荐责任后上报。

（二）定向邀请。

1. 为提高专家库质量，对个人尚未提出申请但符合本办法条件的高层次专家，由省建设工程造价管理机构发函邀请入库；

2. 根据调解活动对专家的实际需求，可紧急邀请相关领域专家入库。由业务部门提出方案，报站领导审批后办理入库手续。

（三）申报材料。

1. 申请人如实填写《浙江省建设工程结算价款争议行政调解专家申请表》；

2. 单位推荐材料一份（推荐材料不超过 500 字，包括该专家的专业特长、技术水平和实践经验）；

3. 申请人提交申报材料，包括申请表、学历证书、注册造价师执业资格证、专业技术职称证书、法律职业资格证、本人身份证等有效证件的原件及复印件，以及本人从事工程造价管理、律师工作业绩材料及所获奖励情况。

第三章　调解专家的权利和义务

第九条　调解专家享有以下权利：

（一）按照价款争议行政调解办法规定的标准和方法，以及有关法律、法规、规章的规定对争议双方的争议点给出独立意见，不受任何干预；

（二）接受参加争议行政调解活动的合法劳务报酬；

（三）向省建设工程造价管理机构提供价款结算中出现的相关信息、问题，对目前建设行业市场上出现的新情况、新问题提出建议；

（四）向省建设工程造价管理机构推荐调解专家；

（五）免费参加省建设工程造价管理机构组织的培训、讲座并获得继续教育学时；

（六）法律、法规规定的其他权利。

第十条　调解专家应履行的义务：

（一）遵守国家有关法律、法规、规章和建设工程结算价款争议行政调解办法及本专家管理规定，遵守职业道德；

（二）遵守争议行政调解纪律，不得与当事人双方有利害关系人进行私下接触，不得收受当事人双方或者其他利害关系人的财物和其他好处；

（三）对调解过程保密，不得透露调解双方当事人及相关的情况，不得泄露调解案情；

（四）有本办法第十一条规定情形之一的，应当主动提出回避；

（五）积极参加省建设工程造价管理机构组织的价款争议行政调解活动；

（六）在价款争议行政调解中认真负责，提出明确论证意见。在专家形成的行为报告上签字，对报告内容负责，并承担相应的责任；

（七）法律、法规规定的其他义务。

第十一条　调解专家参加争议调解时实行主动回避制度。有下列情形之一的，应当主动回避，不得担任该项目调解员：

（一）调解人员与当事人的有近亲属关系的；

（二）调解人员与调解项目有利害关系的；

（三）调解人员与当事人有其他关系，有可能影响公正调解的；

（四）其他可能影响公正调解的情形。

第四章　调解专家的管理

第十二条　省建设工程造价管理机构应当建立健全调解专家档案，记录调解专家基本情况、调解活动、不良记录等内容，并对调解专家档案进行定期检查，及时更新相关记录。

第十三条　调解专家有违反相关法律、法规和本办法规定行为的，省建设工程造价管理机构应当及时作出处理，并将生效的处理结果书面告知其单位并报送省建设行政主管部门。

第十四条　参加争议调解活动的专家由省建设工程造价管理机构在专家库中按相关专业分类要求抽取并负责通知专家本人。已接受邀请的专家不得无故缺席，也不得委托他人代为参加。

第十五条　省建设工程造价管理机构建立调解专家信用记录制度，同时接受社会监督和投诉。有下列情况之一的，将予以解聘：

（一）对工作不负责任，作风不严谨，敷衍了事，受到投诉并查实的；

（二）所签署的争议调解成果报告存在严重问题，造成当事人重大损失的；

（三）受邀请后无故缺席超过 2 次的；

（四）违背职业道德，收受相关单位的财物或好处经查实的；

（五）个人有不良信用记录的。

第十六条　未经省建设工程造价管理机构许可，调解专家不得以省建设工程结算价款争议行政调解专家名义组织和参加工程价款结算调解活动，如有违反，将给予通报批评，并予以解聘。

第五章　附　　录

第十七条　本办法由省建设工程造价管理总站负责解释。

第十八条　本办法自发布之日起施行，原《浙江省建设工程结算价款争议行政调解专家管理办法（试行）》（浙建站督〔2017〕48 号）同时废止。

附件：1．浙江省建设工程结算价款争议行政调解专家申请表

2．承诺书

附件 1

浙江省建设工程结算价款争议行政调解专家申请表

<table>
<tr><td>姓名</td><td></td><td colspan="2">性别</td><td></td><td>学历</td><td></td><td rowspan="4">照片</td></tr>
<tr><td>毕业院校及专业</td><td colspan="4"></td><td>身份证号</td><td></td></tr>
<tr><td>技术职称</td><td></td><td colspan="3">注册造价工程师注册证号 / 法律职业资格证证号</td><td colspan="2"></td></tr>
<tr><td>申请专业 1</td><td></td><td colspan="2">申请专业 2</td><td></td><td>申请专业 3</td><td></td></tr>
<tr><td>联系电话</td><td></td><td>手机</td><td colspan="2"></td><td>邮箱</td><td colspan="2"></td></tr>
<tr><td>单位名称</td><td colspan="4"></td><td>通信地址</td><td colspan="2"></td></tr>
<tr><td>本人主要工作简历</td><td colspan="7">（可附表）</td></tr>
<tr><td>本人近年来有关工程造价工作业绩和获奖情况</td><td colspan="7">（可附表）</td></tr>
<tr><td colspan="4">本人承诺：1. 本人在本表中所填写的内容及所提供的材料是真实准确的。2. 本人将严格遵守本办法之规定。
申请人签字：
年　月　日</td><td colspan="4">推荐单位意见：
（公章）
年　月　日</td></tr>
<tr><td colspan="8">省建设工程造价管理机构意见：
（公章）
年　月　日</td></tr>
</table>

注：申请人可根据专业按房屋建筑专业、市政基础设施专业、工程法律专业填写，申请多个专业的分别填写在申请专业 1 ~ 3。

附件2

承 诺 书

为公平、公正、及时地调解建设工程结算价款争议，维护当事人的合法权益，无愧于当事人的信任，我郑重承诺：

一、遵守国家有关法律、法规、规章和建设工程结算价款争议行政调解办法及专家管理规定，遵守职业道德；

二、遵守公共秩序，尊重社会公德，尊重公序良俗，严格执行行政调解操守，珍惜行政调解专家声誉，依法履行政调解员职责；

三、遵守争议行政调解纪律，不与当事人双方有利害关系人进行私下接触，不收受当事人双方或者其他利害关系人的财物和其他好处；

四、对调解过程保密，不透露调解双方当事人及相关的情况，不泄露调解案情；

五、与当事人的有近亲关系，或与该调解项目有利害关系，或与当事人有可能影响公正调解的，本人主动提出回避；

六、在价款争议行政调解中认真负责，提出明确独立意见。在专家形成的行为报告上签字，对报告内容负责，并承担相应的责任；

七、仪表庄重、举止得体、用语规范。

本人将严格遵守本承诺，如有违反，愿按照《浙江省建设工程结算价款争议行政调解专家管理办法》接受处理。

承诺人：

年　　月　　日